OLYMPISCHE WINTERSPIELE
LILLEHAMMER
'94

Herausgegeben von
GERD RUBENBAUER

Berichte und Kommentare
von Jutta Deiss,
Martin Hägele und Ulrich Kaiser

Fotografie
Agentur BONGARTS

EINE GEMEINSCHAFTSPRODUKTION DER VERLAGE
Mosaik & Südwest

Er hat bei dieser Olympiade die Kurve bekommen: Markus Wasmeier aus Schliersee.

26 SKI ALPIN

In die Luft geflogen: Der Kanadier Philippe Laroche holte sich im Springen Silber.

46 FREESTYLE

Jens Weißflog: er erhielt von den Sportjournalisten Prädikate von »Überflieger« bis »Runderneuerter Goldgewinner«.

52 SKI NORDISCH

Biathlon, das ist diese sportliche Sache mit den Gewehren, so ein Kommentator. Deutschland siegte in der Staffel vor Rußland.

72 BIATHLON

Eislauf-Olympiasiegerin Oksana Baiul aus Odessa am Schwarzen Meer.

82 EISKUNSTLAUF

Inhalt

DIE SPIELE............ 6
LILLEHAMMER.......... 16
ERÖFFNUNG........... 22
SCHLUSSFEIER........ 126

Die Frankfurter Allgemeine Zeitung nannte Eisschnellauf-König »Koloß Koss, Held mit Herz«.

EISSCHNELLAUF 94

Beinarbeit in Rückenlage. Torwart-Szene aus dem Eishockey-Spiel zwischen Kanada und den USA.

EISHOCKEY 104

Warten auf die Zeiten der Konkurrenten: Georg Hackl aus Berchtesgaden gewann Rodel-Gold.

BOB/RODELN 116

Wunderbare Spiele im Norden

Ein Traum wurde wahr, ein Wintermärchen Realität. Sechzehn Tage Sonnenschein am Himmel und im Herzen von Zuschauern und Athleten – dazu eine faszinierende Winterlandschaft. Lillehammer bescherte uns wunderbare olympische Winterspiele. Schon die Eröffnungsfeier wies den Weg zurück zur Natur, zu Herzlichkeit und menschlicher Wärme. Die Begeisterung der norwegischen Bevölkerung, auf Sportler aller Länder gleichermaßen verteilt, wirkte ansteckend. Favoriten stürzten, aber sie wurden von einem phänomenalen Publikum schnell getröstet. Außenseiter triumphierten, weil sie den Zuspruch der Zuschauer als moralische Unterstützung empfanden. Wir Medienvertreter staunten über sorgsame, aber stets höfliche Kontrollen. Die olympischen Spiele von Lillehammer übertrugen die innere Ruhe freundlicher und ausgeglichener norwegischer Menschen sogar auf streßgeplagte Journalisten. Das Olympia der relativ kurzen Wege machte Spaß, weil man rasch präsent sein konnte, um mit dem Hackl Schorsch, dem Wasi, den deutschen Skispringern, den deutschen Skidamen, den Biathleten oder Bobfahrern vor Ort mitzufiebern. Die olympischen Spiele von Lillehammer wurden nicht nur ein Intermezzo nostalgischer Winterillusionen auf dem Weg zu einer weiteren Kommerzialisierung künstlich aufgeblähter olympischer Spiele.

Gerd Rubenbauer

LILLEHAMMER '94

Das neue Land des Lächelns

Noch lange werden wir von Lillehammer schwärmen. Warum? Das Städtchen selbst präsentierte sich schlicht und einfach – überschaubar eben. Den Stadtplan brauchte keiner: Wer Lillehammer einmal gesehen hatte, der kannte es. 23 000 Einwohner überließen ihre Straßen, Wohnungen und Fußgängerzone für 16 Tage den Fremden. Dafür kassierten sie ein stolzes Honorar, doch davon sprach später keiner mehr. Lillehammer gewann schon bei der Schlüsselübergabe. Da man auf den Neubau unappetitlicher Hotelbunker verzichtet hatte, wohnte die Mehrzahl der Olympiabesucher in privaten Wohnungen und Häusern. Vor der Haustür türmte sich der Schnee, drinnen wärmte das Holz von Böden und Decken und loderte das Feuer im offenen Kamin. Der erste Eindruck war nicht nur der beste, sondern prägend für diese Spiele: Lillehammer, ein modernes Wintermärchen, nicht ohne Hüttenromantik.

Und so suchten sich diese Spiele ihre Sieger – Sieger, die zur Landschaft und den Menschen paßten. Während des Wettkampfs nach außen kalt, doch beim Auskosten des sportlichen Triumphgefühls im Inneren warm und herzlich. Die Natur gab diesen Spielen ihr Gesicht, auch auf dem Siegespodest. Als olympische Gewinner wurden Athleten geehrt, die lachen können.

Norwegen als Land des Lächelns feierte offene, natürliche Sportlerinnen und Sportler, die bei allem Erfolg bescheiden blieben.

In diesem Sinne entpuppten sich vor allem bei den Alpinen vermeintlich schon abgeschriebene Außenseiter der olympischen Vermarktungsgesellschaft in relativ fortgeschrittenem Leistungssportleralter als späte Entdeckungen Olympias.

Auf einen alpenländischen Nenner gebracht: Wasi – der Prototyp des Glücks, das nur zu jenem kommt,

Lillehammer, ein modernes Wintermärchen: Freudentränen, Katzenjammer und einen olympischen Geist, den keiner vergißt.

Anmutig und künstlerisch am ausdrucksvollsten: Eisläuferin Oksana Baiul, die 16jährige aus der Ukraine, war fassungslos.

Nach dem Super-G der Riesenslalom: Zweimal Gold für Markus Wasmeier. Grund zum Jubeln für den Pisten-Cäsar.

Glücksmomente: Claudia Pechstein (rechts), war auf dem Eis die Schnellste, Katja Seitzinger (unten) in der Abfahrt.

der warten kann, Vreni – Herzdame der Natur, der beste alpine Schweizer Exportartikel, seit es Schokolade gibt, und Stani – ein hochsympathischer, stiller Slalomläufer aus Österreich, der als Zickzack-Fahrer ausgerechnet dem Land der Abfahrtsfetischisten die einzige alpine Goldmedaille bescherte.

Markus Wasmeier, Vreni Schneider und Thomas Stangassinger – sie paßten zu diesen Spielen. Wer hatte das vorher für möglich gehalten? Wasmeiers Auftritt im Studio des norwegischen Fernsehens machte den Urbajuwaren nach dem Gewinn zweier Goldmedaillen zu einem der Ihren.

Sie wollten von ihm wissen, was sein Erfolgsgeheimnis sei. Ganz einfach, antwortete der Wasi in herzallerliebstem Englisch, er sei halt bei allen Höhen und Tiefen immer der gleiche geblieben. Doch dann folgte das, was der Norweger als kinderfreundlicher Familienmensch nur allzu gerne hört: Das eigentliche Erfolgsrezept liefere ein intaktes Familienleben. Wichtig für die Zukunft seien deshalb nicht so sehr die finanziellen Nebengeräusche zweier Goldmedaillen, sondern – und jetzt stockte er – »a g'sunde Familie«.

Schweigen im Studio, doch Wasi grinste nur, souverän meisterte er auch diese Situation. Da er nicht wußte, was »g'sund« auf englisch heißt, fragte er Jan Einar Thorsen, seinen norwegischen Riesenslalomkonkurrenten, der neben ihm Wasis Englischversuche amüsiert verfolgte: »Wos hoaßt g'sund auf englisch«? Thorsen, des Wasi-Bayerischen durchaus mächtig, antwortete prompt: »Healthy«.

Seit diesen Spielen darf man wieder an olympische Völkerverbindung glauben. Dies verdankt die olympische Bewegung ausschließlich Norwegens Sportenthusiasten.

Für 16 Tage schlüpften selbst Akademiker des Alltagslebens in die Nebenrollen olympischer Helfershelfer. Sie waren immer da und störten nie. Hunderttausende pilgerten auf Langlaufskiern mit Rucksack, Kind und Kegel zu Loipen, Pisten, Schanzen, wobei das norwegische

Fähnchen zur Grundausstattung gehörte. Doch von Nationalismus keine Spur. Wenn ein Norweger gewann, wurde gefeiert, wenn nicht, dann ebenso.

Wenn es nur immer im Sport so wäre. Das Stuttgarter Leichtathletikpublikum hat in Lillehammer sein olympisches Pendant gefunden. Im olympischen Dorf schwärmten die Sportler von bleibenden Erinnerungen. Etwa davon, daß man die drei Erstplazierten jeder Konkurrenz noch am Veranstaltungsort besonders ehrte, zwar noch ohne Medaillen und nationale Hymnen, aber dafür mit Blumensträußen, überreicht von netten, jungen Damen in regionalen Trachten, die erfolgreiche Sportler dann entweder im Schlitten entführten oder zu einem flotten Tänzchen baten, das auf glattem Schneeparkett Tausenden von mittanzenden Zuschauern besonders gut gefiel. Nimmt es wunder, daß sich in einer solch lockeren Atmosphäre sogar einstmals verschlossene Olympiasieger öffneten? Jens Weißflog war ein Beispiel. Spontane Tränen und die Liebeserklärung an die Gattin, die das erste Springen noch zu Hause verfolgte, machten Doppelolympiasieger Weißflog zu einem Sympathieträger des deutschen Sports.

Lillehammer – nicht nur Spiele herzlicher Natürlichkeit, sondern in besonderer Weise auch Spiele spontaner Emotionen. Lillehammer offenbarte auf bisweilen rührende Art und Weise: Auch Weltklassesportler sind glücklicherweise nur Menschen, und als solche fühlten sie sich in Lillehammer bestens aufgehoben, bei einem Publikum, das mit ihnen lachte und auch manchmal weinte.

Noch nie zuvor wurden bei olympischen Spielen hinter oft im Wettkampf seltsam futuristisch anmutenden Fassaden und windschlüpfrigen Verkleidungen nach Ende des olympischen Wettstreits die Typen mit all ihren menschlichen Regungen so transparent wie in Lillehammer. Athleten und Publikum entwickelten selbst bei niedrigsten Temperaturen einen heißen Draht zueinander, man hatte das Gefühl, sie stünden in ständiger Korrespondenz.

Nur bei einem solchen Ambiente war die Leistung der italienischen Langlaufstaffel der Männer – vorher als Rotweinquartett abqualifiziert – mit einem 43jährigen Maurilio de Zolt als Startläufer möglich, der sich am orkanartigen Applaus des Publikums berauschte.

Eine solche olympische Umgebung unterdrückte nicht nur rasch kritische Ansätze bezüglich eines auch dieses Mal aufgeblähten olympischen Programms, sondern sie fror jeglichen Starkult bereits im Ansatz ein.

Goldene Abfahrt: Nach dem Sieg gratulierte Amerikas First Lady, Hillary Clinton (links), Tommy Moe aus Alaska.

Nach mehr als zehn Jahren wagten Torvill/Dean ein Comeback. Statt Gold gab es Bronze, doch das Paar war glücklich.

Russisches Glück: Ljubov Egorova erreichte über 5000 Meter vor Manuela di Centa und Marja-Liisa Kirvesniemi das Ziel.

Erfolgreich im Vierer-Bob: Harald Czudaj, Karsten Brannasch, Olaf Hampel, Alexander Szelig.

Weltrekord beim Eisschnellauf-Wettbewerb der Herrn: »Koss is the boss« (rechts).

»Es ist ein Traum.« Staunen bei der 29jährigen Vreni Schneider, die im Slalom als schnellste durch das Ziel ging.

Selbst ein dreifacher Olympiasieger im Eisschnellaufen wie Johann Olav Koss aus Norwegen glänzte nicht nur als Weltrekordler, sondern vor allem als Mensch, erst recht, als er von seiner Siegprämie 55 000 DM der Bosnienhilfe spendete.
Auch die Stimmen verstummten bald, die vorher das olympische Comeback ehemaliger Eiskunstlaufprofis in Zweifel gezogen hatten. Sie waren als gemachte Stars froh, bei solchen olympischen Spielen dabei zu sein, sagten sie, und wir glaubten es ihnen.

So wie leider die geschmackloseste Seifenoper der olympischen Spiele. Wochenlang ernährten sich nicht nur die ausschließlich an Storys interessierte amerikanische Presse, sondern auch »Dallas«-verseuchte europäische Medien von der Geschichte um eine Eisenstange und zwei erfolgssüchtigen amerikanische Eiskunstläuferinnen namens Nancy Kerrigan und Tonya Harding. Der Engel und das Biest – selbst Intimkenner der amerikanischen Medienszene ordnen mittlerweile dieses Schmierstück mehr und mehr der Rubrik kommerziell perfekter Inszenierungen mit von vornherein exakt festgelegten Rollen und Prämien für alle Darsteller zu. Selten waren sich Athleten aller Sparten in der Ablehnung gerichtlich erwirkter Startrechte so einig wie dieses Mal. Doch paßt es nicht gerade zu olympischen Spielen der Menschlichkeit, wenn die von menschlichen Schwächen geprägte Feindschaft zweier Eiskunstläuferinnen zum zu-

Ein bayerisches Bier für
einen hundertprozentigen Urbayer:
Georg Hackl freute sich über
seinen Rodelerfolg.

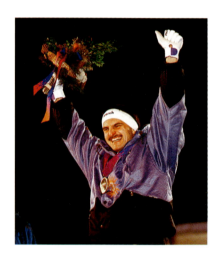

schauerträchtigsten Spektakel dieser olympischen Spiele gerät?
Doch Lillehammer wäre nicht Lillehammer, wenn es nicht auch beim Eiskunstlaufen der Damen eine lachende und zum Schluß auch weinende überraschende Siegerin gegeben hätte: nicht Nancy Kerrigan, sondern die 16jährige Oksana Baiul aus der Ukraine gewann diesen Wettbewerb.
Wenn die schönsten Winterspiele der Sportgeschichte in der ersten Euphorie überhaupt kritische Gedanken gedeihen lassen, dann den einen, daß man speziell bei der Nominierung der deutschen Olympiamannschaft (die sich in Lillehammer fernab aller eventuell befürchteten separatistischen Ost-West-Gedanken menschlich-harmonisch und geschlossen wie international noch nie zuvor präsentierte, wobei der Höhenflug der deutschen Skispringer in der Mannschaftskonkurrenz das beste Beispiel dafür lieferte), künftig mehr Fingerspitzengefühl und Herz für die Nominierung von Talenten entwickeln sollte, auch wenn sich diese starr festgelegten Normen im Vorfeld der olympischen Spiele nicht erfüllt haben sollten.
Die erfrischenden Auftritte der 18jährigen Skiläuferin Hilde Gerg sollten Anlaß sein, darüber nachzudenken. Gerade Lillehammer bot Außenseitern Chancen wie nie zuvor. Der zweite kritische Ansatz betrifft die nacholympische Nutzung der vorzüglichen Sportstätten Lillehammers.
Wenn schon der Umweltgedanke künftig bei der Vergabe olympischer Spiele eine zunehmend größere Rolle spielen soll, dann kann es sich kein Land mehr leisten, auch nur eine für olympische Spiele errichtete Wettkampfstätte im Sumpf der Nutzlosigkeit verkommen zu lassen. Nichts spricht gegen eine Neuauflage olympischer Winterspiele in Lillehammer, z.B. im Jahre 2010, schon gar nicht die Aussicht auf zwar perfekte, aber kühle Winterspiele 1998 in der japanischen Großstadt Nagano.

Olympische Geste: Österreicherin Emese Hunyadi und die deutsche Gunda Niemann auf dem Siegerpodest.

Doppel-Norweger über
30 Kilometer: Zweiter Bjørn
Dæhlie und der 22jährige Sieger
Thomas Alsgaard.

DER MEDAILLEN SPIEGEL

	GOLD	SILBER	BRONZE	
1. Rußland	11	8	4	23
2. Norwegen	10	11	5	26
3. Deutschland	9	7	8	24
4. Italien	7	5	8	20
5. USA	6	5	2	13
6. Südkorea	4	1	1	6
7. Kanada	3	6	4	13
8. Schweiz	3	4	2	9
9. Österreich	2	3	4	9
10. Schweden	2	1	—	3
11. Japan	1	2	2	5
12. Kasachstan	1	2	—	3
13. Ukraine	1	—	1	2
14. Usbekistan	1	—	—	1
15. Weißrußland	—	2	—	2
16. Finnland	—	1	5	6
17. Frankreich	—	1	4	5
18. Niederlande	—	1	3	4
19. China	—	1	2	3
20. Slowenien	—	—	3	3
21. Großbritannien	—	—	2	2
22. Australien	—	—	1	1

Über den eigenen Schatten gesprungen: Jens Weißflog, der Überflieger dieser Olympischen Winterspiele.

LÄNDERABKÜRZUNGEN

Algeria	ALG	Algeria
American Samoa	ASA	American Samoa
Andorra	AND	Andorra
Niederländische Antillen	AHO	Netherlands Antilles
Argentinien	ARG	Argentina
Armenien	ARM	Armenia
Australien	AUS	Australia
Österreich	AUT	Austria
Weißrußland	BLR	Belarus
Belgien	BEL	Belgium
Bermudas	BER	Bermuda
Bolivien	BOL	Bolivia
Bosnien-Herzegowina	BIH	Bosnia-Herzegovina
Brasilien	BRA	Brazil
Bulgarien	BUL	Bulgaria
Kanada	CAN	Canada
Zentralafrikanische Republik	CAF	Central African Republic
Chile	CHI	Chile
China	CHN	China, People's Rep. of
Zypern	CYP	Cyprus
Costa Rica	CRC	Costa Rica
Kroatien	CRO	Croatia
Chechische Republik	CZE	Czech Republic
Dänemark	DEN	Denmark
Estland	EST	Estonia
Fidschi-Inseln	FIJ	Fiji
Finnland	FIN	Finland
Frankreich	FRA	France
Großbritannien	GBR	United Kingdom
Georgien	GEO	Georgia
Deutschland	GER	Germany
Griechenland	GRE	Greece
Guatemala	GUA	Guatemala
Ungarn	HUN	Hungary
Indien	IND	India
Island	ISL	Iceland
Israel	ISR	Israel
Italien	ITA	Italy
Jamaika	JAM	Jamaica
Japan	JPN	Japan
Kasachstan	KAZ	Kazakhstan
Südkorea	KOR	Korea, Rep. of
Kyrgisien	KYR	Kyrgyzstan, Rep. of
Lettland	LAT	Latvia
Libanon	LIB	Lebanon
Lichtenstein	LIE	Liechtenstein
Litauen	LIT	Lithuania
Luxemburg	LUX	Luxembourg
Mazedonien	MAC	Macedonia, Rep. of Former Yugoslav
Mexiko	MEX	Mexico
Moldavien	MLD	Moldova
Monaco	MON	Monaco
Mongolei	MGL	Mongolia
Norwegen	NOR	Norway
Neuseeland	NZL	New Zealand
Niederlande	NED	Netherlands
Pakistan	PAK	Pakistan
Peru	PER	Peru
Polen	POL	Poland
Portugal	POR	Portugal
Rumänien	ROM	Romania
Rußland	RUS	Russia
San Marino	SMR	San Marino
Senegal	SEN	Senegal
Slowakei	SVK	Slovak Rep.
Slowenien	SLO	Slovenia
Südafrika	RSA	South Africa
Spanien	ESP	Spain
Schweden	SWE	Sweden
Schweiz	SUI	Switzerland
Taipeh	TPE	Taipei, Chinese
Thailand	THA	Thailand
Turkmenistan	TKM	Turkmenistan
Türkei	TUR	Turkey
Ukraine	UKR	Ukraine
Amerika	USA	United States of America
Usbekistan	UZB	Uzbekistan
Jungferninseln	ISV	Virgin Islands
Yugoslavien	YUG	Yugoslavia

Mythen aus uralter Zeit: ein Eis-Drachen und ein baumhoher Troll aus dem Troll-Park zwischen Hadeland und Dovrefjell. Ganz oben die Oly-Maskottchen Håken und Kristin.

Wintermärchen im hohen Norden

»Norway is on the map now.« Mit diesen Worten hatte Lillehammer am 15. September 1988, nach mitteleuropäischer Zeit um 10.53 Uhr, im fernen Seoul die Zusage für die Spiele '94 erhalten. Daß das IOC damals schon erst das Volk und dann den Ort auf seine olympische Landkarte zeichnen wollte, mag symbolisch gewesen sein.

Es war ein Dank, der längst überfällig war. So hat es die resolute Ministerpräsidentin Gro Harlem Brundtland nicht nur den olympischen Delegierten, sondern der ganzen Welt in einer kleinen Geschichtsstunde über ihre Heimat erklärt: »Es waren Norweger, die den Wintersport erfunden haben, und norwegische Emigranten brachten ihn nach Nordamerika. Nun laden wir die Welt ein, an die Wiege des Wintersports zurückzukehren.«

Ein historischer Spot: Mit König Hakan, der zwischen 1217 und 1263 als erster norwegischer König ein vereinigtes Reich regiert hatte, ist die früheste Erinnerung Lillehammers an den Skilauf verbunden. Von hier aus haben im Jahr 1205 zwei königstreue »Birkebeinerne« den kleinen Prinzen auf Skiern und bei Sturm und Schnee vor seinen Widersachern, den dem Klerus verpflichteten »Baglerne«, gerettet und über die Berge ins sichere Österdalen gebracht. Deshalb wird noch heute jedes Jahr das »Birkebeinerrennt« ausgetragen, an dem viele tausend Langläufer teilnehmen.

18

Still und starr ruht der See.
Genauer: der zugefrorene Mjøsa-
See bei Lillehammer.

Norwegen bekennt
Farbe: Links eine
See-Idylle in Rot
und Gelb, unten ein
junger Skifan.

Farben im Weiß des Winters:
Typisches Holzhaus bei Lillehammer
Oben: Trachten aus dem hohen Norden.

Die meisten der 4,25 Millionen Norweger lieben den Winter und die Natur. Das muß man wohl auch, wenn man im nördlichsten Zipfel Europas, wo der Winter die Hauptjahreszeit ist, leben will. Aber alles, was mit Skiern oder Schlittschuhen zu tun hat, lieben die Norweger leidenschaftlich.

Norwegens Langlaufstar Vegard Ulvang, der Mann, der den olympischen Eid sprach, sollte mit seiner Prophezeiung recht behalten: »Genießt die für euch unbegreifliche Begeisterung. So etwas habt ihr noch nie erlebt.« Die »Flying Wikings«, die sportlichen Nationalhelden Vegard Ulvang, Kjetil Andre Aamodt und Co., sind längst Export- und PR-Artikel für ihre Heimat geworden. Norwegen braucht diese Sportstars für die Fremdenverkehrs-Werbung genauso wie die unendlichen Wälder und unzähligen Seen. Denn die traditionelle Wirtschaft spürt die Rezession. Die großen Zeiten von Fischfang und Schiffbau sind vorbei.

Was bleibt von Lillehammer hängen in unseren Köpfen, wenn man das Freilichtmuseum Maihaugen einmal besichtigt hat?

Sonst bietet das 23 000-Seelen-Städtchen keine weiteren Attraktionen mehr. Das schönste an diesem Flecken Erde am Ende des Mjøsa-Sees ist die Tatsache, daß er in Norwegen liegt.

Das Geburtshaus von Thor Bjoerklund etwa, den der Propaganda-Prospekt von Lillehammer als »industriellen Pionier« feiert, weil er vor

19

Bild Mitte unten:
Freestyle-Flug oberhalb des
Mjøsa-Sees.

Die Håkon-Halle, Eishockey-
Arena, beschrieben als »Diamant in
Lillehammers Olympic-Park«.

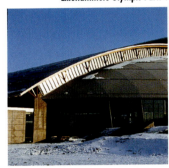

Oben: Eine Premiere
in der Olympic Hall
von Hamar (Eislauf-
wettbewerbe)
mit einem Indoor-
Langlauf.

Impression aus Hafjell, die Strecke für Slalom und Riesenslalom, 45 Kilometer nördlich von Lillehammer.

Die Olympic Cavern Hall, eine Art Felsendom auf norwegisch, Eishockey-Austragungsgruft.

Rund zehn Kilometer nördlich von Lillehammer liegt Hunderfossen mit seinem Bob- und Rodel-Eiskanal.

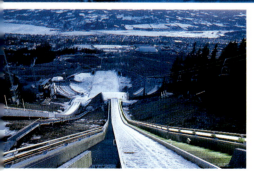

Szenerie für Höhenflüge. Blick von der Skisprungschanze im Olympic-Park von Lillehammer.

siebzig Jahren den Käsehobel erfunden hat, lockt keinen Mitteleuropäer so weit hoch auf der E 6. Und die Probleme mittelnorwegischer Fahrschüler liegen ebenfalls längst hinter uns. Die mußten bis vor kurzem am einzigen Signallicht in Lillehammer das Anfahren üben – weil es in dieser Gegend weit und breit keine weitere Ampelanlage gab.

So langweilig soll es auf den Straßen um Lillehammer in Zukunft nicht mehr zugehen. Fremde, freut euch mit an unserer Landschaft; Firmen und Konzerne, bringt uns Tagungen oder Konzerte – die schönsten Hallen und Säle warten auf euch. Ihr kennt sie ja jetzt alle vom Fernsehen. Das in den Berg gesprengte Architekturwunder von Gjövic oder lieber das umgestürzte Wikingerschiff in Hamar. Die zweite, nacholympische Einladung aus der Region Lillehammer soll beim Abzahlen helfen.

Auch in Norwegen gilt: Alles Schöne dieser Welt kostet viel Geld. Vor lauter Freude über ihr Fest sind den Organisatoren die Kosten unter der Hand davongaloppiert.

340 Millionen Mark wuchsen auf 1,75 Milliarden. Und kurz vor der Eröffnung jammerte der für die Staatsgarantie zuständige Ex-Minister Lars Roar im Fernsehen: »Hätte ich das damals gewußt...«

Gut, daß nicht. Der Mann hätte die Welt sonst um ein Wintermärchen gebracht.

ERÖFFNUNG

Botschaften aus der Seele der Menschen

Schneeflocken tanzten vom scheinbar klaren Himmel herunter, und die Sonne schickte als glühender Ball am Horizont über den tief verschneiten Wäldern noch einen Willkommensgruß herüber, ehe sie im Kälteschleier versank. Die 17. Olympischen Winterspiele wurden vor einer Kulisse eröffnet, wie nur der Bühnenbildner Natur sie schaffen kann. Die Feier, die der norwegische Schauspieler und Regisseur Bentein Baardson inszenierte, wurde zu einem verheißungsvollen Versprechen für die Spiele in Lillehammer. Er verzichtete auf pompöse Effekthascherei und ließ statt dessen 2000 Mitwirkende mit Musik, Tanz und Gesang heitere und besinnliche Märchen aus der an Mythen reichen Geschichte Norwegens erzählen. Die norwegische Schauspielerin Liv Ullmann und der Weltumsegler Thor Heyerdahl führten einfühlsam durch eine Eröffnungszeremonie, die den 35000 Zuschauern im Olympiapark den Weg aus der Welt des Kommerzes zurück zu den Wurzeln wies – und ihnen einen warmherzigen Empfang bereitete. Das war bei 15 Grad Minus nicht so einfach. Aber in einem Land, in dem das Skifahren erfunden und der Sport fest verwurzelter Teil der Kultur ist, kommen solche Botschaften nicht aus einem Drehbuch, sondern aus der Seele der Menschen.

Tauben für den Frieden, für eine Waffenruhe während der Olympischen Spiele – nicht nur im Sinne Coubertins.

Das große Ei, das die Welt symbolisiert – ausgebrütet in einem Nest aus Menschen.

24

Ein Feuervogel auf der Sprungschanze. Die Flamme entzündete Kronprinz Haakon.

Märchenhafter Tanz der Trolle und Erdwesen aus Norwegens Mythologie.

»Vor zehn Jahren«, sagte IOC-Präsident Juan-Antonio Samaranch zur Eröffnung, »waren wir in Sarajevo.« Mahnungen, Symbolik und Sportbegeisterung in Lillehammer.

25

SKI ALPIN

ABFAHRT HERREN

Lauter stille Zeitgenossen

Pisten-Architekt Bernhard Russi, der vor zwei Jahren in Albertville die bis dahin spektakulärste Olympia-Abfahrt durch die Konturen des Face de Bellevard gezogen hat, hatte auch für den Berg von Kvitfjell, 50 Kilometer nördlich von Lillehammer, prophezeit: »Hier gewinnt kein olympischer Duselbruder.«
Und dann kam Tommy Moe. Ein Amerikaner, kein schlechter, immerhin gehört er schon länger zur Gruppe der ersten Fünfzehn. Aber ein Weltcup-Rennen hatte der 23jährige aus Anchorage in Alaska noch nie gewonnen.
Und nun Olympiasieger. Ein würdiger. Amerikaner sind bekannt dafür, daß sie sich bei olympischen Spielen eine Sternstunde nehmen. Fragt nach bei William D. Johnson, dem verrückten kalifornischen Beachboy, der 1984 in Sarajewo die Stars aus den Alpenländern düpiert und dann verhöhnt hat.
Tommy Moe lieferte keine großen Sprüche hinterher. Die Zeit der Draufgänger und Typen unter den großen Abfahrern ist vorbei. Es gibt keine Klammers und Grissmanns mehr. Tommy Moe freute sich auf ruhige Art über die Goldmedaille. Fast genauso wie über den prächtigen, von Eskimos aus Wolfspelzen hergestellten Mantel, den ihm sein Vater als Geschenk mitgebracht hatte. Als hätte Moe Senior den spektakulären Coup seines Sohnes geahnt.
Auf dem Podest in Kvitfjell standen lauter stille Zeitgenossen. Alle drei Medaillengewinner gelten als moderne, risikofreudige und technisch starke Piloten. Tommy Moe, der Norweger Kjetil Andre Aamodt und der Kanadier Edward Podivinsky kennen einander bereits seit Jahren von Junioren-Weltmeisterschaften, wo jeder von ihnen schon Gold gewann.
Unten im Zielraum hatten manche Mitleid mit Patrick Ortlieb und Marc Girardelli. Der Champion von Albertville war nur um 26 Hundertstel an seiner zweiten Olympia-Medaille vorbeigefahren. Dem Wahl-Luxemburger und großen Favoriten Marc Girardelli, der Fünfter wurde,

Tommy Moe? Wer ist Tommy Moe? Der Mann aus Alaska sprengte mit einem furiosen Abfahrtslauf Norwegens vorgeplante Siegerparty.

hätte man die erste Goldmedaille seiner außergewöhnlichen Karriere gegönnt.
Am traurigsten aber war Franz Heinzer dran. Der mehrfache Weltcupsieger, der nach einer verkorksten Saison auf dem »Olympiabakken« das Schicksal mit Gewalt zwingen wollte, fuhr schon nach fünf Metern in den Schnee. Auf einem Skier. Beim zweiten hatte sich durch die Wucht von Heinzers Startsprung der hintere Bindungsbacken gelöst. Und die Deutschen? Markus Wasmeier machte sich nach Platz 36 über sich selbst lustig. Da konnte er noch nicht wissen, was diese Piste ein paar Tage später parat hatte für ihn. So wurde Ex-Weltmeister Hansjörg Tauscher auf Platz 25 bester Deutscher und freute sich trotzdem. Sein Kommentar: »Ich habe mein Mindestziel erreicht, das läßt mich lachen.«

Schwerkraft auf der schiefen Ebene

Skirennen funktionieren durch das Prinzip der schiefen Ebene. Mit diesem physikalischen Begriff hat es folgendes auf sich: Es handelt sich um eine Ebene mit dem Neigungswinkel alpha gegen die waagerechte Ebene. Ihre Steigung heißt h (Höhe)/l (Länge) = sinus alpha, ihre Basis heißt b. Ein auf der schiefen Ebene reibungslos der Schwerkraft ausgesetzter Körper bewegt sich beschleunigt längs l, wobei die Komponente H der Schwerkraft in dieser Richtung durch vektorielle Zerlegung der Gesamtschwerkraft G in H und die dazu senkrechte Komponente D erhalten wird. H heißt der Hangabtrieb, D die Druckkomponente. Es gilt H=G sinus alpha; D=G cosinus alpha. Die schiefe Ebene nutzt die Technik zur Verringerung einer aufzubringenden Kraft auf Kosten einer Wegverlängerung. Klar? Was nun die Kvitfjell-Abfahrt anbetrifft, so ist ›l‹ gut 3000 Meter und ›h‹ etwa 800 Meter – wenn man jetzt noch die Druck-, Schwerkraft- und Reibungskomponente einbringt, hätte eigentlich gar keiner mehr 'runterfahren müssen, man hätte den Sieger ausrechnen können – Fehler entstehen nämlich nie in der Physik, sondern immer nur durch Menschen. Diese meinten, sie würden auf durchschnittlich 105 Stundenkilometer kommen, was natürlich ziemlich unwissenschaftlich ist. Außerdem ist es fraglich, ob ausgerechnet dieser Tommy Moe aus Alaska sich jemals mit dem physikalischen Problem der schiefen Ebene auseinandersetzte – er ist ganz einfach abgefahren.

Ulrich Kaiser

Edward Podivinsky, Kanadier, risikofreudiger, technisch starker und, wie es heißt, an Kälte gewöhnter Rennfahrer auf dem Sprung zu Bronze.

Der feine Unterschied waren 14 Hundertstelsekunden.
Links: Ein hoffnungsvoller Patrick Ortlieb (4. Platz).
Oben: Ein favorisierter Kjetil Andre Aamodt (Silber).

Trügerische Hoffnung: der Schweizer Urs Kaelin hatte sich im Riesenslalom mehr erwartet (oben); es reichte nur für Silber.

Bild ganz oben: Zuerst ganz vorn und dann Führungsverlust. Christian Mayer aus Österreich auf seiner Bronzefahrt.

SUPER-G, RIESENSLALOM MÄNNER

Comeback ohne Kopf im Sand

Am Morgen des 17. Februar hat weder ein Trainer noch ein Techniker oder sonst ein DSV-Funktionär daran gedacht, daß man an diesem Abend die Krawatte und das dunkle Ausgeh-Jackett aus dem Schrank holen müßte. Und auch Franz Pfnür, 85, aus Garmisch-Partenkirchen wußte beim Aufstehen noch nicht, daß er mittags weinen würde.

58 Jahre nach Franz Pfnür gewann wieder ein Deutscher eine Goldmedaille in einem alpinen Wettbewerb. Ausgerechnet Markus Wasmeier. Oder, so feierte »Bild« halbseitig seinen Nationalhelden: »Wasi Wahnsinn«.

Viel hat bei Wasmeiers wilder Fahrt an seinen ersten großen Auftritt in der Ski-Szene erinnert. Bei der WM vor neun Jahren in Bormio verlor er unterwegs zum Titel im Riesenslalom seine Mütze – in Kvitfjell trug es ihn kurz vor dem Zielhang fast aus der Spur. »Du Saudepp«, ist es ihm da durch den Kopf geschossen, »geht's denn nicht ohne Fehler?«

Es ging, weil die Nummer 4 zuvor fast eine halbe Sekunde Vorsprung auf die Besten herausgefahren hatte. Tommy Moe kam nur noch bis auf acht Hundertstelsekunden an ihn heran. Kjetil Andre Aamodt, der hochgewettete Norweger, hatte Glück, daß es wenigstens zu Bronze reichte. Der einzige, der nach hervorragenden Zwischenzeiten das »Wasi-Wunder« etwas eingetrübt hätte, der Schweizer Oldie Daniel Mahrer, schied kurz vor Schluß aus.

»Comeback eines alpinen Yetis« nannte eine Fachfrau den Erfolg des neuen Alpin-Stars Markus Wasmeier aus Schliersee (links).

Er mußte in Lillehammer die Krone der alpinen Skifahrer nach zwei verpatzten Läufen abgeben: Alberto Tomba (unten).

Ein Urschrei für die Goldmedaille im Riesenslalom. »Das«, sagte Markus Wasmeier, »ist die Krönung der Krönung.«

Und so mußte der Bilderbuch-Bayer namens Markus Wasmeier der Weltpresse bayerische Folklore erklären. Was sein gelernter Beruf Lüftlmaler eigentlich ist und wie sein Lieblingsinstrument Schoßgeige aussieht. Am häufigsten aber mußte er die Frage beantworten, warum einer, der schon abgeschrieben war, so spektakulär zurückschlagen kann. »I never make the head in the sand«.
Auf Schlierseer Englisch klang das schon hart, ganz abgesehen von den grammatischen Einfädlern, aber irgendwie stimmt es: Markus Wasmeier hat im Lauf seiner langen Karriere nie den Kopf in den Sand gesteckt. »Ein Sportler hat in seiner Karriere mehr Tiefs als Erfolge«, sagte Wasmeier. Das sollten seine Kritiker bitteschön begreifen. »Ich selbst habe immer daran geglaubt, daß ich's noch kann.«
Daß er auf seinen Coup vom weißen Berg noch einen draufsetzte, steht aus deutscher Sicht als das Sport-Wunder dieser Spiele. Nach dem Riesenslalom ritt Wasmeier auf den Schultern seiner Freunde aus der Arena in Hafjell – und er jodelte dabei. Nicht kontrolliert, eher Urschrei.
Begreifen konnten das weder Urs Kaelin noch Christian Mayer. Sowohl der Schweizer wie der Österreicher büßten im zweiten Lauf ihr Zeitpolster ein – und fanden sich zwei Hundertstel und zwölf Hundertstel hinter dem Mann, dessen Vita an diesem Hang umgeschrieben werden mußte.

Hauchdünn verloren:
Favorit Kjetil Andre Aamodt
beim Kombinations-
slalom.

Die Norweger machten es unter
sich aus: Dreifachtriumph
für Kjetil Andre Aamodt, Lasse Kjus
und Harald Chr. Strand Nilsen.

Haarscharf vorbei ist auch vorbei: der Österreicher Günter
Mader mit seinem Arbeitsgerät,
das ihn auf Platz vier brachte.

Einer für alle, alle für einen: Harald Chr. Strand Nilsen, der Dritte im Bunde der Wikinger-Musketiere.

ALPINE KOMBINATION

Worte, die man selten hört

Nie war es schöner, Norweger zu sein. Bilderbuchwetter, und die Abgehärtetsten unter den 30 000 Zuschauern schwenkten ihre rot-blauen Fähnchen mit nacktem Oberkörper. Und als es dann kalt und dunkel wurde, sangen sie ihr »Seier'n er vär« (der Sieg gehört uns) aus den Zelten und Kneipen.

Lasse Kjus und Kjetil Andre Aamodt hatten ihren WM-Triumph. Aber im Gegensatz zu Morioka stand nicht Marc Girardelli, sondern noch ein Landsmann mit ihnen auf dem Podest: Harald Christian Strand Nilsen.

»Wahnsinnig. Unglaublich. Phantastisch«. Solche Worte hört man nicht oft von Lasse Kjus oder Kjetil Andre Aamodt. Die zwei engsten Freunde im Team der »Attacking Vikings« lassen sonst nur selten Emotionen raus. Doch als dreimal »NOR« auf der Anzeigetafel blinkte, packte auch sie ihr patriotisches Gefühl am Schlafittchen.

Kjus und Aamodt sehen zwar aus wie Milchgesichter, trotz ihrer 22 Jahre tragen sie noch Flaum auf den Lippen. Und wenn sie einmal ihren Job beschreiben, tun sie dies mit einer geradezu erschreckenden Härte. Nichts für sanfte Gemüter. Denn zu fast jedem Sieg oder Titel gehörte früher bei beiden auch die Geschichte eines brutalen Sturzes und wieder mal ein paar Wochen Krankenhaus.

Inzwischen stürzen die beiden nur noch selten. Und aus der Kranken-Akte von Lasse Kjus wurde jetzt auch der Vermerk »15% Invalidität« gestrichen. Rechtzeitig vor dem Olympiasieg.

Goldfahrt eines Traumtänzers. Das Prädikat jedenfalls verlieh dem norwegischen Goldmedaillengewinner Lasse Kjus sein Trainer.

SLALOM MÄNNER
Kühler Kopf und eisige Tore

Taktisches Rennen: Thomas Stangassinger (rechts) sicherte sich nach den Ausfällen von Roth und Aamodt den Vorsprung vor Tomba.

Bis zum letzten Wettbewerb mußte Österreich aufs erste alpine Gold der Spiele warten – und mit Thomas Stangassinger zittern. Der Vorsprung aus dessen brillantem ersten Lauf schmolz von Tor zu Tor, doch am Ende blieben 15 Hundertstel übrig. »Ich wollte nicht zu viel riskieren, denn die ersten Tore waren sehr eisig.«

Der Salzburger war der einzige, der kühlen Kopf behielt, nicht verwegen attackierte, sondern mit seinem Zeit-Guthaben kalkulierte. Alle anderen hatten sich anstecken lassen von der verwegenen Fahrt des Alberto Tomba oder waren geschockt. Denn Alberto der Große hatte im zweiten Durchgang eine Show aus Power und Tanz auf Skiern abgezogen. »Incredibile«, jubelten die Reporter aus Turin und Mailand, und Macho Tomba (»Unfaßbar«, soll er gesagt haben. »Ich kann es nicht glauben«) wischte sich die Tränen aus den Augen: »Bei 1,84 Sekunden Rückstand und von Platz zwölf noch soweit vorzufahren – dieses Silber bedeutet mir mehr als eine Goldmedaille.«

Auch Peter Roth hätte sich vom Podest aus verabschieden können. Doch im letzten Rennen seiner Karriere fädelte der 33jährige (Dritter im ersten Lauf) am zweiten Tor ein. Diese Stange hätten an diesem Nachmittag gleich mehrere Läufer verbrannt oder zerstückelt. Kjetil Andre Aamodt stürzte hier, Finn Christian Jagge und Juri Kosir kratzten gerade noch die Kurve. Am bösesten aber traf das Schicksal Thomas Sykora: Er dachte schon an eine Medaille, da fuhr ihm ein Ski davon – Bindung auf.

Toller Tomba: Schon als Verlierer abgestempelt, sprang der Italiener (rechts) im zweiten Lauf noch von Rang zwölf auf Silber.

Die Zuschauer lieben ihn (ganz links): Alberto Tomba, den Prototyp eines italienischen Machos.

Holte fünf Plätze auf: Jure Kosir (rechts mit Thomas Stangassinger, Mitte, und Alberto Tomba).

ABFAHRT FRAUEN

Perfektionismus ohne Freudentränen

Die Favoritin war mit Startnummer 3 ins Rennen gegangen: Katja Seizinger, eine 21jährige Frau mit einer Geschichte, die Grundlage eines olympischen Rührstücks hätte werden können. Geboren auf dem flachen Land, aufgewachsen in der Nähe von Heidelberg. Keine, der das Skifahren in einem bayerischen Dorf quasi in die Wiege gelegt worden war. Im Super-G, in dem sie ein Jahr zuvor Weltmeisterin geworden war, war sie schon nach dreißig Sekunden ausgeschieden. Gleich in der Startkurve hatte Katja Seizinger eine erste Unsicherheit. Ausgerechnet auf der Strecke, für die gerade sie vehement gekämpft hatte. Die ursprünglich vorgesehene Strecke in Hafjell war ihr als zu anspruchslos erschienen. Technisches Können sollte entscheiden, nicht die Formel Gewicht = Tempo. Der Wunsch ging in Erfüllung. Abgesehen von der Startkurve fuhr Katja Seizinger ein nahezu perfektes Rennen, siegte mit deutlichem Vorsprung. Daß ihre Story trotzdem nicht zum alpinen Rührstück taugt, ist in ihrer Mentalität begründet. Katja Seizinger ist kein gefühlsduseliges Skihaserl, sondern eine von der Ratio bestimmte sachlich kalkulierende Geschäftsfrau. Nach dem Sieg gab's weder Freudentränen noch Jubelstürme. Bezeichnend für ihre radikale Schonungslosigkeit mit sich und anderen war der karge Satz: „Es geht noch besser."

Die Zweitplazierte der Königsdisziplin Picabo Street (»Ich hoffe, ich kann's irgendwann mal so gut wie Katja.«)

Die Dame mit Selbstbewußtsein. Katja Seizinger (»Was andere denken, interessiert mich nicht so sehr«). Jubel für ein Foto.

Die Dame mit dem Erfolgsrezept: Katja Seizinger (»Am wichtigsten sind die eigenen Ziele«). Experten schwärmten von einem »Superlauf«.

Rechts: Dritte im Riesenslalom, die Schweizerin Vreni Schneider (rechts). Sie wurde im zweiten Lauf von Martina Ertl überholt.

Angeblich von Gold-Wasmeier zu ihrem Erfolg beflügelt: Martina Ertl (Bild Mitte) nach ihrem Silber-Riesenslalom.

Von Tomba auf Compagnoni gekommen. Italien bejubelte seine neue Riesenslalom-Heldin, Deborah Compagnoni.

FRAUEN RIESENSLALOM, SUPER-G
Alpines Motto »No risk, no fun«?

Man hatte von Katja Seizinger geschrieben, daß sie die Goldmedaille im Super-G nur abholen müsse. Aber dann drehte es sie nach einer halben Minute aus der Erfolgsspur. Weil ein ähnliches Malheur auch Heidi Zurbriggen, den Sloweninnen Spela Pretnar und Alenka Dovzan sowie der Italienerin Bibiana Perez, allesamt Mitfavoritinnen und alle mit guten Zwischenzeiten angekündigt, passierte, kam keine mehr an der Nummer eins vorbei: Diann Roffe (26) aus Potsdam im Staat New York. Logo, daß sie uns die sattsam bekannte Story vom »go for the gold« erzählte. Diese Mentalität stecke in allen Amerikanern, so Roffe. »Außerdem haben wir viel weniger Druck als die Europäer.«

Ihren zweiten Sturz, diesmal im Riesenslalom und am Hafjell-Berg, hat Katja Seizinger ziemlich locker weggesteckt. Ebenso wie Hilde Gerg, die Zweite des ersten Laufs. Die »wilde Hilde« hatte schon eine Medaille vor Augen, als es sie aus einer Kuhle katapultierte. Ihr Funkspruch an die Trainer, die sie trösten wollten: no risk, no fun.

Ein Motto, das zum Siegertrio paßte. Martina Ertl, die mit dem Schrei »Messer raus« losgefahren war, stand mit Silber neben der Italienerin Deborah Compagnoni und Anita Wachter, den beiden besten Riesenslalomfahrerinnen der vergangenen Jahre.

Rosi Mittermaier kommentierte den kompromißlosen Stil ihrer Nachfolgerinnen: »Wer heute nicht mit vollem Risiko fährt, der braucht gar nicht zu starten.«

»Es geht darum, alles zu riskieren.« Mit dieser lapidaren Feststellung (Zitat aus einer deutschen Zeitung) begründete Diann Roffe ihre Super-G-Goldmedaille (Bild linke Seite).

FRAUEN SLALOM, KOMBINATION

Dem Spott ein Ende bereitet

Beinahe hätte Pernilla Wiberg nach dem Slalom live und a capella aus dem Stadion von Hafjell gesungen. Ein Rundfunkreporter hielt schon ein Mikro parat. Aber der Song »Privilege« (Vorrecht, Sonderrecht) mit dem Pernilla in den Top-Ten der schwedischen Hitparade vertreten ist, paßte dann doch nicht zum vierten Platz. Die Show gehörte diesmal der kleinen Slowenin Katja Koren, die vor Freude über Bronze Purzelbäume in den Schnee machte; der Haustochter Elfriede Eder aus Leogang; Vreni Schneider – sie mußte mehr reden, als ihr eigentlich lieb war.

Diesmal hatte die Grand Dame aus der Schweiz den Platz getauscht mit Pernilla Wiberg, die in der Alpinen Kombination noch die Nase vorn gehabt hatte. Deren Goldmedaille besaß im skandinavischen Raum schon fast staatstragende Bedeutung, schließlich hatten sich die Norweger acht Tage lang über die Pleiten ihrer großen Brüder und Nachbarn amüsiert und sie mit dem Spruch (»Schweden und Fidschi gleichauf im Medaillenspiegel«) verspottet.

Nachhilfe-Unterricht in europäischer Geographie erteilte Thomaz Cerkovhik, der Cheftrainer aus Slowenien: »Hoffentlich verwechseln uns die Leute nicht mehr länger mit der Slowakischen Republik. Bis zu deren Grenze sind es 800 Kilometer. Wir sind ein kleines Land mit zwei Millionen Einwohnern. Aber zwei von unseren Mädchen haben Bronze geholt.« Nicht im Traum, so Cerkovhik, hätten sie an ein solches Wunder gedacht.

Kurve gekratzt: Die Österreicherin Elfi Eder (oben) holte sich am Hang in Hafjell Silber. 68 Tore umkurvte sie bis zum Erfolg.

»Lille-Hammer«: Pernilla Wiberg (links) gewann am neunten Olympiatag in der Kombination das erste Gold für Schweden.

Schweizer Medaillenträume versilbert (großes Bild): Zieleinlauf von Vreni Schneider zum Kombinationssieg (Slalom).

DIE SIEGER

Verschlafen im Leben, rasant auf der Piste: »Traumtänzer« Lasse Kjus nach dem Kombinationssieg.

Abgehoben: In der Königsdisziplin Abfahrt ging Bronze an die erst 18jährige Isolde Kostner.

Gold-Wasi aus dem Häuschen: Neun Jahre nach dem Weltmeistertitel gewann er wieder einen Riesenslalom.

Abfahrt

Männer	13.02.1994
1. T. Moe (USA)	1:45,75
2. K. A. Aamodt (NOR)	1:45,79
3. E. Podivinsky (CAN)	1:45,87
4. P. Ortlieb (AUT)	1:46,01
5. M. Girardelli (LUX)	1:46,09
6. N. Burtin (FRA)	1:46,22
H. Trinkl (AUT)	1:46,22
25. H. Tauscher (GER)	1:47,30

Kombination

Männer	25.02.1994
1. L. Kjus (NOR)	3:17,53
2. K. A. Aamodt (NOR)	3:18,55
3. H. C. Nilsen (NOR)	3:19,14
4. G. Mader (AUT)	3:19,23
5. T. Moe (USA)	3:19,41
6. P. Accola (SUI)	3:19,44
14. T. Barnerssoi (GER)	3:22,49
15. G. Martin (ITA)	3:22,69

Spezialslalom

Männer	27.02.1994
1. T. Stangassinger (AUT)	2:02,02
2. A. Tomba (ITA)	2:02,17
3. J. Kosir (SLO)	2:02,53
4. M. Kunc (SLO)	2:02,62
5. T. Fogdde (NOR)	2:03,05
6. F. C. Jagge (NOR)	2:03,19
9. P. Staub (SUI)	2:04,19
11. A. Zikzli (SUI)	2:04,94

Riesenslalom

Männer	23.02.1994
1. M. Wasmeier (GER)	2:52,46
2. U. Kaelin (SUI)	2:52,48
3. C. Mayer (AUT)	2:52,58
4. J. E. Thorsen (NOR)	2:52,71
5. R. Salzgeber (AUT)	2:52,87
6. N. Bergamelli (ITA)	2:53,12
7. L. Kjuss (NOR)	2:53,23
8. B. Gstrein (AUT)	2:53,35
9. J. Nobis (USA)	2:53,60
10. G. Königsrainer (ITA)	2:53,61
11. G. Nader (AUT)	2:53,66
15. T. Barnerssoi (GER)	2:54,49

Super-G

Männer	17.02.1994
1. M. Wasmeier (GER)	1:32,53
2. T. Moe (USA)	1:32,61
3. K. A. Aamodt (NOR)	1:32,93
4. M. Girardelli (LUX)	1:33,07
5. W. Perathoner (ITA)	1:33,10
6. A. Skårdal (NOR)	1:33,31
9. G. Mader (AUT)	1:33,50
10. M. Hangl (SUI)	1:33,75
11. A. Assinger (AUT)	1:33,84
14. P. Accola (SUI)	1:34,37
21. H. Tauscher (GER)	1:34,71

Abfahrt

Frauen	19.02.1994
1. K. Seizinger (GER)	1:35,93
2. P. Street (USA)	1:36,59
3. I. Kostner (ITA)	1:36,85
4. M. Ertl (GER)	1:37,10
5. C. Pace (CAN)	1:37,17
6. M. Suchet (FRA)	1:37,34
12. M. Vogt (GER)	1:37,86
14. V. Stallmaier (AUT)	1:37,94

Kombination

Frauen	21.02.1994
1. P. Wiberg (SWE)	3:05,16
2. V. Schneider (SUI)	3:05,29
3. A. Dovzan (SLO)	3:06,64
4. M. Gallizio (ITA)	3:06,71
5. M. Ertl (GER)	3:08,78
6. K. Koren (SLO)	3:09,59
7. F. Masnada (FRA)	3:10,02
8. H. Gerg (GER)	3:10,10
9. M. Vogt (GER)	3:10,14

Spezialslalom

Frauen	26.02.1994
1. V. Schneider (SUI)	1:56,01
2. E. Eder (AUT)	1:56,35
3. K. Koren (SLO)	1:56,61
4. P. Wiberg (SWE)	1:56,68
5. G. Zingre (SUI)	1:57,80
6. C. von Grueningen (SUI)	1:57,86
7. R. Serra (ITA)	1:57,88
9. M. Gallizio (ITA)	1:58,19
10. D. Compagnoni (ITA)	1:58,26
12. M. Maierhofer (AUT)	1:58,74
14. M. Ertl (GER)	1:59,65
17. M. Accola (SUI)	2:00,03

Überglückliche Svetlana Gladischeva: Der Super-G, die Disziplin mit dem größten Lotto-Effekt, bescherte der Russin Silber.

Goldige Ansichten: Deborah Compagnoni siegte im Riesenslalom souverän vor Martina Ertl.

Vorbei sind Anspannung und Chancen: Anita Wachter blieb im Riesenslalom medaillenlos.

Riesenslalom

Frauen — 24.02.1994

1.	D. Compagnoni (ITA)	2:30,97
2.	M. Ertl (GER)	2:32,19
3.	V. Schneider (SUI)	2:32,97
4.	A. Wachter (AUT)	2:33,06
5.	C. Merle (FRA)	2:33,44
6.	E. Twardokens (USA)	2:34,41
7.	L. Maconi (ITA)	2:34,67
9.	H. Zeller-Bähler (SUI)	2:35,14
10.	C. Meier-Höck (GER)	2:35,22

Super-G

Frauen — 15.02.1994

1.	D. Roffe (USA)	1:22,15
2.	S. Gladischeva (RUS)	1:22,44
3.	I. Kostner (ITA)	1:22,45
4.	P. Wiberg (SWE)	1:22,67
5.	M. Gallizio (ITA)	1:22,73
6.	K. Gutensohn (GER)	1:22,84
7.	K. Koren (SLO)	1:22,96
8.	K. Lee-Gartner (CAN)	1:22,98
9.	A. Wachter (AUT)	1:23,01
10.	S. Nobis (USA)	1:23,02
15.	S. Eder (AUT)	1:23,51

FREESTYLE

Auf die Piste nur mit Lizenz

Rock'n'Roll aus den Boxen und ein heißer Tanz durch die Buckel. Luftsprünge machen Laune. Freestyle ist mehr als ein Sport. Freestyle ist Feeling. Eine Sportart als Lebensgefühl: jung, dynamisch, spektakulär und immer gut drauf. Das Publikum macht eine Freiluft-Disco daraus. Das war in Lillehammer nicht anders.

Die Buckelpistenfahrer bringen den swingenden Ruf schon aus Albertville mit, während die Kunstspringer ihr olympisches Debüt in Norwegen gaben. Das war eine Fete: Der Crazy-Fan-Club campierte am Kanthaugen und trommelte für die junge olympische Sportart nach Stimmes Kräften. Immer locker, immer vergnügt.

Freilich: Da kann leicht ein falscher Eindruck entstehen. Freestyler brauchen sogar eine Art Führerschein, um Wettkämpfe bestreiten zu dürfen. Bei Prüfungen vergebene Lizenzen sorgen dafür, daß nur Könner und keine übermütigen Abenteurer im wahrsten Sinne des Wortes halsbrecherische Kunststücke probieren. Denn die Gefahr, bei spektakulären und schwierigen Sprüngen schlimm zu stürzen, ist groß.

Sieben Wertungsrichter geben ihr Urteil ab: Im Buckelpistenfahren zählt die Zeit zu 25 Prozent, der Rest ist subjektive Bewertung für technische Ausführung vom rhythmischen Auf und Ab durch die Schneehügel mit zwei verschiedenen Sprüngen.

Go for Gold: Der Kanadier Jean-Luc Brassard gewann auf der Buckelpiste die Männerkonkurrenz vor dem Russen Serguei Shoupletsov und dem Franzosen Edgar Grospiron.

Bei den Frauen wunderte sich im Ziel sogar die Siegerin. Stine Lise Hattestad: »Ich glaube, ich habe gewonnen.« Die 12 500 Zuschauer feierten die Norwegerin als strahlende Siegerin. Was konnte sie schon dafür, daß die Jury ein anderes Urteil gefällt hatte als die meisten Fans. Der amerikanischen Favoritin Elizabeth McIntyre blieb trotz eines sensationellen Laufs mit perfekt ausgeführten Sprüngen nur Silber. Über Bronze freute sich

Spektakuläre Olympia-Disziplinen: Beim Springen gewann Andreas Schönbächler (großes Bild), auf der Buckelpiste der Kanadier Jean-Luc Brassard (unten).

Freestyle ist, wenn jemand kopfüber geflogen kommt: Der Kanadier Philippe Laroche (oben) holte sich Silber beim Springen.

Kopflos: Die Buckelpiste brachte dem Italiener Walter Osta kein Glück.

Elizaveta Kojevnikova (Rußland). Das ist wie bei den Eiskunstlauf-Wettbewerben: Menschliche Beobachtung ist nicht meßbar.
Tatjana Mittermayer aus Rosenheim mußte als einzige Deutsche im Teilnehmerfeld ihre heimlichen Medaillenhoffnungen zwischen den künstlich aufgehäuften Schneehügeln begraben. Es ist alles eine Frage der Perspektive: Als Sechste gehörte die 31jährige in Lillehammer zu den Besten, doch wenn man wie sie 1988, als der Buckelpisten-Tango noch Demonstrationswettbewerb war, gewonnen hat, wäre echtes Gold schon schön gewesen.
Die Olympia-Premiere der Kunstspringer feierten Lina Tcherjazova (Usbekistan) bei den Frauen und der Schweizer Andreas Schönbächler bei den Männern als erste Goldmedaillengewinner. Die Stuttgarterin Elfie Simchen (26) verlor die ersehnte Medaille nicht in der Luft, sondern bei den Landungen: Doppelsalto mit zwei Schrauben und Dreifachsalto zweimal gehockt und einmal gestreckt wirbelte sie perfekt um die eigene Körperachse. Aber zum Flug gehört auch ein sanftes Aufsetzen. Elfie Simchen stürzte – Platz neun, denn der Schwierigkeitsgrad des Sprungs wird mit den Noten für Ausführung und Landung multipliziert.
Noch schlimmer erging es Sonja Reichart. Die Immenstädterin brach sich bei einem Sturz in der Qualifikation eine Rippe und konnte zum Finale nicht antreten.
Manchmal brauchen die Gute-Laune-Sportler ihr Lebensgefühl eben auch, um die eigene Enttäuschung zu überwinden.

50

DIE SIEGER

Sie verdiente kaum genug für das Trainingslager, doch Lina Tcherjazova aus Usbekistan schlug sich bis zum Sieg durch.

Heimvorteil? Trotz zweier Pannen gewann die Norwegerin Stine Lise Hattestad die Goldmedaille auf der Buckelpiste.

Knapp hinter der überlegenen Lina Tcherjazova: Die Schwedin Marie Lindgren holte sich beim Springen Silber.

Springen
Frauen — 24.02.1994

1.	L. Tcherjazova (UZB)	166,84
2.	M. Lindgren (SWE)	165,88
3.	H. S. Lid (NOR)	164,13
4.	M. Schmid (SUI)	156,90
5.	N. Sherstnyova (UKR)	154,88
6.	K. Marshall (AUS)	150,76

Buckelpiste
Frauen — 16.02.1994

1.	S. L. Hattestad (NOR)	25,97
2.	E. McIntyre (USA)	25,89
3.	E. Kojevnikova (RUS)	25,81
4.	R. Monod (FRA)	25,17
5.	C. Gilg (FRA)	24,82
6.	T. Mittermayer (GER)	24,43
7.	D. Weinbrecht (USA)	24,38
8.	A. Battelle (USA)	23,71
9.	B. Thomas (CAN)	23,57
10.	S. Marciandi (ITA)	23,36
18.	S. Vaucher (SUI)	21,99
20.	B. Keppler (GER)	21,39

Springen
Männer — 24.02.1994

1.	A. Schönbächler (SUI)	234,67
2.	P. Laroche (CAN)	228,63
3.	L. Langlois (CAN)	222,44
4.	A. Capicik (CAN)	219,07
5.	T. Worthington (USA)	218,19
6.	N. Fontaine (CAN)	210,81

Buckelpiste
Männer — 16.02.1994

1.	J.-L. Brassard (CAN)	27,24
2.	S. Shoupletsov (RUS)	26,90
3.	E. Grospiron (FRA)	26,64
4.	O. Cotte (FRA)	25,79
5.	J. Paeaejaervi (SWE)	25,51
6.	O. Allamand (FRA)	25,28
14.	A. Costa (AUS)	23,38
23.	K. Weese (GER)	22,67

SKI NORDISCH

SKISPRINGEN

Das große Comeback für den alten Hasen

Wenn das kein Kunststück ist: Die deutschen Skispringer landeten nach den weitesten Flügen sicher auf dem Boden und fühlten sich anschließend doch wie im siebten Himmel. Das Lustspiel am Lysgaardsbakken hatte drei Akte: Zuerst wurde Jens Weißflog nach einem atemberaubenden Duell mit dem norwegischen Lokalmatador und Topfavoriten Espen Bredesen Olympiasieger auf der Großschanze, danach gewannen Hansjörg Jäkle (Schonach), Christof Duffner (Schönwald), Dieter Thoma (Hinterzarten) und wieder Weißflog (Oberwiesenthal) völlig überraschend Mannschafts-Gold – und schließlich holte Dieter Thoma noch Bronze auf der kleinen Schanze.

Jens Weißflog wußte nicht, ob er lachen oder weinen sollte, und er wußte schon gar nicht mehr, was er dazu sagen sollte. Aber selbst die banalsten Sätze sind in solchen Momenten Gold wert: »Ich bin wahnsinnig froh...«

Spulen wir den Erfolgsfilm zurück: Der große Favorit im Springen von der Großschanze hieß Espen Bredesen. Der 26jährige Osloer hatte ein Heimspiel in Lillehammer. 50 000 Zuschauer und ein einziger sehnlicher Wunsch: Bredesen sollte ihnen den Tag vergolden. Der tat sein Bestes: Im ersten Durchgang segelte der Norweger auf den neuen Schanzenrekord von 135,5 Meter zu und legte damit die Marke auf Sieg. Weißflog – zum großen Gegenspieler Bredesens avanciert – sprang 129,5 Meter und gewöhnte sich wohl schon einmal an den Gedanken, daß Silber ja auch nicht Blech wäre. Aber dann gelang ihm dieser Satz auf 133,0 Meter.

Es knisterte unter den Zuschauern vor Hochspannung, als Bredesen sich oben auf dem Sitzbalken auf den zweiten Sprung konzentrierte und Weißflog gebannt zu ihm hinaufschaute. Zwei Minuten später war alles entschieden: Für Bredesen leuchteten nur 122,0 Meter und 266,5 Punkte insgesamt auf. Weißflogs Name thronte mit 274,5 Punkten ganz oben. Im Freudentanz durch den Zielraum löste sich die ganze Spannung auf.

Ein Kniefall im Schnee als Zeichen der Auferstehung: Zehn Jahre nach seinem ersten Olympiasieg auf der Normalschanze in Sarajewo und zwei Jahre nach seinen vernichtenden Niederlagen in Albertville stieg der 29jährige bei seinen vierten Winterspielen wieder aufs oberste Treppchen. Daheim in Oberwiesenthal versammelte sich der halbe Ort bei Weißflogs im Wohnzimmer. Ehefrau Nicola heulte vor Glück, und Söhnchen Daniel (4) wußte nun gar nicht mehr, was Sache war: Er tröstete die weinende Mama – Tränen bedeuten in Kinderaugen nun einmal Schlimmes.

Manchmal begreifen ja nicht einmal Erwachsene, warum sich die Dinge auf den Kopf stellen. Der

Weißflog – Nomen est omen – als Überflieger. Oben nach seiner Goldmedaille; linke Seite ein Bild aus dem Training.

Tränen für einen Sieg. Als Jens Weißflog, so eine Zeitung, Emotionen zeigte, wurde er endgültig zum größten Skispringer.

Der einsamste Mensch der Welt

Der Jubel des Bundestrainers mochte seine Berechtigung haben: »Wahnsinn, dieser Weißflog.« Aber das Team siegte mit Jäkle, Duffner, Thoma und Jens Weißflog.

Beweis dafür wurde prompt nachgeliefert: Nach Bronze hatten sie heimlich geschielt, die vier Springer, die gemeinsam zum Mannschaftswettbewerb antraten. Und als sie dann vor dem letzten Sprung des letzten Mannes Silber so gut wie sicher hatten, waren sie schon überglücklich. Jens Weißflog gratulierte oben den scheinbar uneinholbar davongeflogenen Japanern schon zum Olympiasieg, ehe er in aller Gelassenheit schier endlose 135,5 Meter weit hinunterflog.

Jedes Lustspiel birgt auch ein Drama: Masahiko Harada, der letzte Springer der Japaner, setzte bei 97,5 Meter auf und wäre danach am liebsten unter der Schneedecke verschwunden. Minutenlang hockte er wie der einsamste Mensch der Welt auf seinen breiten Latten, regungslos, das Gesicht hinter den dicken Handschuhen vergraben. Ein paar Meter weiter tanzten Jäkle, Duffner, Thoma und Weißflog Ringelreihen. Überraschungssiege waren schon immer die schönsten.

Drei Tage später erfüllte der Weltmeister Espen Bredesen seinen Landsleuten mit dem Sieg auf der kleinen Schanze doch noch den großen Traum. Aber der Mann, der hinter Bredesens Landsmann Lasse Ottesen Bronze gewann, war garantiert genauso glücklich: Dieter Thoma kehrte nach einem Jahr der Leiden und Zerwürfnisse, die vorübergehend sogar zum Bannstrahl der Nationalmannschaft geführt hatten, dorthin zurück, wo sein Talent ihn vorsieht: aufs Podest.

Training vor dem Silber-Sprung: Espen Bredesen aus Norwegen (»Jens war ein bißchen besser«).

Vogelflug für eine österreichische Medaille: Andreas Goldberger in der Teamwertung.

Teamgeist hochgehalten. Die deutsche Gold-Crew nach dem Mannschaftswettbewerb.

Dieter Thoma — mitgeflogen und mitgesiegt bei der deutschen Teamarbeit auf der 120-m-Schanze.

NORDISCHE KOMBINATION
Japanische Effektivität und Teamarbeit

Silbermedaille für die norwegische Mannschaft. Im Bild oben rechts der dritte Mann, Fred Børre Lundberg.

Die größten Schwierigkeiten hatte Kenji Ogiwara auf den letzten hundert Metern. Wie bringt man so viele japanische Fahnen und Fähnchen ins Ziel, ohne dabei einmal zu stolpern? Bei einem Vorsprung von sieben und einer halben Minute hätte der Schlußmann der Nippon-Staffel, Kenji Ogiwara mit einer Japan-Flagge am Trikot, am Ende auch über die Linie krabbeln oder mit den Zuschauern Tee trinken können – so haushoch überlegen waren die »Söhne Nippons«.

Und so schwach die Deutschen: »Ich habe wenigstens einmal den Olympiasieger gesehen. Er ist mir entgegengekommen«, so berichtete Frank Schwaar aus Klingenthal über sein Erfolgserlebnis im Einzelwettbewerb. Den DSV-Funktionären dagegen war sogar die Ironie vergangen. Schließlich zählte diese Sportart bis vor ein paar Jahren zu den deutschen Paradedisziplinen. Nur: für die Berauers, Thomas, Kellers, Wehlings, Winklers und Weinbuchs ließen sich zuletzt keine Erben mehr finden; weder im Schwarzwald noch im Erzgebirge, in Thüringen genausowenig wie in Bayern.

Daß die Goldmedaille im Einzel nicht auch an Ogiwara, den Seriensieger der letzten zwei Jahre, gegangen ist, war eine absolute Sensation. Der Norweger Fred Børre Lundberg nutzte den schlechten Tag des Favoriten. Und Takanori Kono rettete die Ehre der Nordischen Könige aus dem Osten. Im Spurt setzte sich der Japaner gegen den zweiten Norweger, Bjarte Engen Vik, durch.

Oben links: Mit dem Werkzeug im Lift auf dem Weg zum vierten Platz im Einzelspringen: Kenji Ogiwara, japanischer Team-Star.

In den norwegischen Wind gesprungen: Bjarte Engen Vik (Bild oben), Bronzemedaillengewinner in der Einzelwertung.

Die Sieger – auf die schiefe Bahn gekommen. Die kombinierten Mannschaften aus der Schweiz (3), aus Japan (1) und Norwegen (2).

LANGLAUF MÄNNER 10 KM, 15 KM VERFOLGUNG
Über den Jäger und den Gejagten

Das große Showdown in der Loipe sorgte zweimal für Herzstillstand in Lillehammer: Über 250 000 Zuschauer strömten an den beiden Wettkampftagen hinauf zum Birkebeineren-Stadion, wo die Langläufer ihre Medaillen erkämpften. Singend und musizierend, mit Fahnen und Glocken und einer Ausrüstung gegen die Kälte, die jedem Arktis-Forscher zur Ehre gereichen würde, zogen sie durch die Wälder und suchten die besten Plätze. Kein Meter Loipe, an dem die Helden des Nordens einen einsamen Kampf ohne die Anfeuerung der Fans laufen müssen: Das gibt es nur in Norwegen. Zudem noch beim Finale dieses ewigen Zweikampfs: Björn Dæhlie (Norwegen) und Vladimir Smirnov (Kasachstan) lieferten über Jahre den Stoff für immer neue Kapitel vom Gejagten und seinem Jäger mit immer gleichem Ausgang: Vladimir Smirnov, der ewige Zweite. Ein Regisseur hätte garantiert ein Happyend inszeniert für den 29 Jahre alten Kasachen. Doch der Sport schrieb das Schlußkapitel des Zweikampfs in Lillehammer in treuer Hingabe an das Gesetz der Serie. Dæhlie (26), Doppel-Olympiasieger schon in Albertville 1992, feierte in der Loipe des Birkebeineren-Stadions die Goldmedaillen Nummer drei und vier seiner Karriere über zehn Kilometer im klassischen Stil und im anschließenden 15-km-Jagdrennen im freien Stil. Vladimir

Schneefall. Björn Dæhlie (»Langlauf ist nicht mein ganzes Leben«), Rekordjäger. Unten mit seinem Verfolger Vladimir Smirnov.

Ovationen für einen Nationalhelden – selbst aus US-amerikanischer Sicht. Rund 100 000 Fans bejubelten Dæhlies grandiosen Lauf.

61

LANGLAUF MÄNNER 30 KM, 50 KM
Seine Fans verliehen ihm Flügel

Geteiltes Glück nach 50 Kilometern: Mika Myllylae hebt Vladimir Smirnovs Arm zur Siegespose (oben). Daneben: Sture Sivertsen.

Smirnov gewann zweimal Silber – doch selbst die norwegischen Fans hätten ihm einen Sieg über ihren Volkshelden verziehen: Sie mögen diese Typen, die aus verlorenen Kämpfen als faire Verlierer hervorgehen. Aber die Entscheidung war schon nach dem 10-km-Klassiker gefallen. Dæhlie nahm dem Kontrahenten auf der kraftraubenden Strecke 18,2 Sekunden ab. Und im Jagdrennen über 15 km Freistil geht der Sieger des 10-km-Laufs mit exakt jenem Vorsprung in die Loipe, den er sich dort herausgelaufen hat. 18,2 Sekunden konnte Smirnov nicht aufholen. Doch dann die 50-km-Strecke: Vladimir Smirnov nützte seine Chance, als er nicht mehr an sie glaubte: Er ergriff die Flucht nach vorn. Vom neunten Kilometer an lag er in Führung, gab sie nicht mehr ab. Die letzten Meter rannte er wie im Rausch. Die Anfeuerungsrufe der Fans schienen ihm Flügel zu verleihen. Einen Meter vor dem Ziel stieß er die rechte Faust in den Himmel. Geschafft, endlich ge-schafft! Das Gesicht gezeichnet von der erbarmungslosen Jagd durch die Skispur, sog er den trommelnden Applaus der jubelnden Menge auf. Am Schlußtag der Olympischen Winterspiele krönte der Kasache seine Laufbahn nach so vielen vergeblichen Anläufen mit der ersten Goldmedaille. Silber gewann der Finne Mika Myllylae, Bronze der Norweger Sture Sivertsen. Die beiden Volkshelden der olympischen Gastgeber, Bjørn Dæhlie (Vierter) und Vegard Ulvang (Zehnter), gingen diesmal leer aus. Knapp zwei Wochen vorher hatten weit über 100 000 Fans den überraschenden Sieg von Thomas Alsgaard gefeiert, der über 30 km seinem hochfavorisierten Landsmann Bjørn Dæhlie nur Silber gönnte und Myllylae Bronze überließ.

Überraschungssieg: Locker läuft Thomas Alsgaard (unten) seinem ersten Olympiaerfolg entgegen. Auch im Ziel wirkt er noch frisch.

Bjørn Dæhlie erschöpft im Ziel (links): Bei 18 Grad Minus sorgten er und Alsgaard für einen norwegischen Doppelsieg.

63

STAFFELN
Norwegens geschlagene Helden

Spuren im Schnee. Impression von der 4x5-Kilometer-Staffel der Frauen. Rußlands Langläuferinnen waren auf der Goldspur.

Du hast das Glück in der Hand, und der Jubel von 200 000 Menschen umrauscht und umschwirrt Dich. Und dann, auf den letzten Metern eines fantastischen Zweikampfs, nimmt das launische Ding noch Reißaus. Was dann?

Björn Dæhlie stand im Zielraum. Aufrecht und stumm und so einsam, wie einer nur sein kann, wenn er Großes geleistet und dennoch verloren hat. Einen winzigen Augenblick lang herrschte Totenstille im Birkebeineren-Stadion, dann nahmen die Norweger ihre geschlagenen Helden wieder applaudierend in ihre Arme. Sture Sivertsen, Vegard Ulvang, Thomas Alsgaard und Björn Dæhlie verloren mit der 4x10-km-Langlaufstaffel das nationale Großereignis dieser Winterspiele um vier Hundertstelsekunden an Italien.

Maurilio de Zolt, Marco Albarello, Giorgio Vanzetta und Schlußmann Silvio Fauner klebten wie Kletten an den Skienden der Norweger, bis Dæhlie – der kraftraubenden Führungsarbeit überdrüssig – Fauner für die bessere Position im Endspurt passieren ließ. Ein taktischer Irrtum: Fauner hielt durch.

Hinter Finnland liefen Torald Rein, Jochen Behle, Peter Schlickenrieder und Johann Mühlegg ein sensationelles Rennen auf den vierten Platz – so gut war keine deutsche Staffel seit 1980 in Lake Placid.

Die 4x5 km der Damen gewann Rußland – und Schlußläuferin Ljubov Egorova eroberte mit dem sechsten Gold (plus dreimal Silber) ihrer Karriere Rang eins in der ewigen olympischen Bestenliste.

Verfolgungsjagd zu einem Zentimeter-Finale: die Schlußläufer Silvio Fauner (Italien, 2, vorn) und Björn Dæhlie (Norwegen).

Umarmung unter Teamkolleginnen: die zweite russische Läuferin Larissa Lazutina und Schlußläuferin Ljubov Egorova.

Bild Mitte: Sieger und Besiegter in olympischer Eintracht: Marco Albarello (Italien, 2) und Harri Kirvesniemi (Finnland, 4).

65

FRAUEN LANGLAUF

Der Traum von der letzten Medaille

»Cheese« für die Fotografen: Manuela di Centa (Silber) und Ljubov Egorova (Gold).

Eine Geste mit Symbolcharakter (Bild rechts): Ljubov Egorova aus Rußland nach ihrem zweiten Gold.

Das Ende einer Verfolgung: Manuela di Centa, am Boden, nach ihrer vergeblichen Jagd auf olympisches Gold in der Verfolgung.

Es gibt Erfolge, die alle Grenzen öffnen. Die norwegischen Fans feierten im Birkebeiner-Stadion die Siegerin über fünf Kilometer im klassischen Stil, als sei es eine Landsmännin. Die Russin Ljubov Egorova stürmte so unwiderstehlich kraftvoll ihrer zweiten Olympia-Medaille nach Silber über 15 Kilometer entgegen, daß den begeisterten Zuschauern trotz bissiger Kälte warm ums Herz wurde. Mit 19,5 Sekunden Vorsprung auf die Italienerin Manuela di Centa (31) eilte Ljubov Egorova ins Ziel und feierte damit den vierten Olympiasieg ihrer Karriere. Es war ein Revanche-Kampf – und ein klein wenig hatte auch die Wut im Bauch zusätzlich Energien freigelegt. Denn Manuela di Centa hatte ihr als Goldmedaillengewinnerin über 15 Kilometer über eine Minute abgenommen. Das sollte nicht noch einmal passieren. »Ich hatte diesmal von Anfang an ein gutes Gefühl«, bekannte die aus Tomsk am Ural stammende Siegerin und verriet leise, daß es »auch noch schneller gegangen wäre«.

Freilich verdient in diesem Rennen auch die Bronzemedaillengewinnerin ein besonderes Augenmerk: Die Finnin Marja-Liisa Kirvesniemi hat nicht nur in ihrer Heimat Finnland Langlauf-Geschichte geschrieben. 1976 in Innsbruck begann ihre olympische Laufbahn mit einem 23. Platz über 10 Kilometer. 1984 in Sarajewo gewann sie dreimal Gold – und 1994 in Lillehammer gelang ihr mit 38 Jahren bei ihrer sechsten Olympia-Teilnahme noch einmal der Lauf aufs Treppchen. Marja-Liisa Kirvesniemi: »Eine Medaille bei meinen letzten Winterspielen. Für mich ist ein Traum in Erfüllung gegangen.«

Ljubov Egorova konnte ihren eigenen Traum noch einmal vergolden: Im 10-km-Jagdrennen ging sie mit 114 Metern Vorsprung, die sie sich über die fünf Kilometer erarbeitet hatte, an den Start und eilte einem großartigen Rekord entgegen: Mit fünf Goldmedaillen und zwei Silbermedaillen war die zurückhaltende 27 Jahre alte Sportlerin zur erfolgreichsten Langläuferin aller Zeiten avanciert. Und ihr Wettbewerbs-Programm war noch nicht zu Ende. Dabei war die Vorbereitung auf diesen Olympiawinter für sie schwierig: Trennung von ihrer Trainerin Anna Zykanowa, die sie von Kindesbeinen an betreut hatte; das Trainingslager in der Höhe mußte aus finanziellen Gründen diesmal ausfallen. Zwei Italienerinnen standen zusammen mit der großen Lady des Langlaufs auf dem Siegerpo-

dest: Manuela di Centa bekam Silber, Bronze gewann Weltmeisterin Stefania Belmondo nach einem großartigen Kampf. Als 13. gestartet, als Dritte im Ziel: Das Jagdrennen verdiente seinen Namen.

Wer es so schwer hatte, seine Karriere auf den richtigen Weg zu bringen – und dann so leichtfüßig ins Ziel sprintet –, der hat Großes geleistet. Manuela di Centa ist in ihren Disziplinen eine Klasse für sich – und sie hat sich in Lillehammer nach vielen Jahren den verdienten Lohn dafür geholt. Am ersten Wettkampftag feierte die italienische Langläuferin über 15 Kilometer in der freien Technik ihren ersten Sieg und spannte dann einen goldenen Bogen bis zu ihrem zweiten Einzeltriumph wenige Tage vor der Schlußfeier. Auch über die 30-Kilometer-Distanz wurde die 31 Jahre alte Athletin Olympiasiegerin.

Manchmal sind es die Geschichten hinter den Resultaten, die den wah-

So einfach wie Eiszapfenlutschen

ren Wert der Medaillen erst widerspiegeln. Als sie 1982 als 19jähriger Teenager zu den Weltmeisterschaften nach Oslo kam, staunten die Experten darüber, daß ein Mädchen aus dem sonnigen Süden derart dynamisch und stilistisch perfekt mit flinkem Motor in den Beinen durch die Loipen jagen kann. Damals wurde sie Achte über fünf Kilometer, aber die Talentsucher entdeckten für sie eine große Zukunft. Das Problem war, daß sie sich auf dem Weg nach oben oft selbst in die Quere kam. Der Vater, ihr erster Trainer, scheiterte schon bald am Dickkopf seines Töchterchens. Um so weniger kamen die Verbandsfunktionäre mit der Athletin zurecht. 1984 fuhr sie zu ihren ersten Olympischen Spielen nach Sarajewo und mußte der schlechten Vorbereitung schmerzhaft Tribut zollen. Resultat: unter ferner liefen. Zur Pleite kam später noch Pech. 1988 in Calgary schwächte sie eine schwere Grippe, 1992 in Albertville konnte sie wieder nicht gesund antreten. Es war, als finde man für einen Rohdiamanten einfach nicht den richtigen Schliff – bis sie zwölf Jahre nach ihrer Entdeckung wieder nach Norwegen zurückkehrte. In Lillehammer fand Manuela di Centa das Glück der späten Jahre. Für die 30 000 Zuschauer an der Loipe war es eine Augenweide, wie kraftvoll und geschmeidig die Italienerin ihrem großen Ziel entgegenlief. Mehr als eine Minute nahm sie ihren Verfolgerinnen über 15 Kilometer ab: Silber und Bronze gingen an die Russinnen Ljubov Egorova und Nina Gavriluk.

Eine Norwegerin war es, die ihr das Siegen über 30 Kilometer im klassischen Stil nicht gar so leicht machte. Ausgepumpt nutzte Manuela di Centa die letzte Kraft für einen wuchtigen Sturz ins Ziel und hatte dann noch 60 Sekunden bangen Wartens zu überstehen, bis

Das Geheimnis der Popularität des Sports liegt in seinen schlichten Regeln: Ein Tor ist ein Tor – wer beim Wettlauf vorne ist, hat gewonnen – wer beim Boxen unten liegt, hat verloren. Ganz einfach. Nun hatten sie die Dauer dieser Olympischen Winterspiele innerhalb weniger Jahre aufs Doppelte verlängert, und dabei sind ihnen wohl die einfachen Sportarten ausgegangen. Sie haben Neues erfinden müssen – beispielsweise einen Verfolgungslauf, und der geht so: Zunächst rennen die Damen fünf Kilometer durch die Loipe, da gibt es eine Siegerin, eine Goldmedaille, Hymne, Fahne und all das. Zwei Tage später aber sollen die gleichen Damen wieder ran, dieses Mal über 10 km – das geht so: Die Siegerin von vorgestern (die Russin Ljubov Egorova) hatte 19,5 Sekunden Vorsprung vor der Zweiten (der Italienerin Manuela di Centa), die wiederum 27,2 Sekunden vor der Dritten (der Finnin Marja-Liisa Kirvesniemi) lag. Und mit diesen Zeitabständen gingen sie hintereinander in eine Art Verfolgungsrennen – anschließend gab's wieder eine Siegerin, eine Goldmedaille, Hymne, Fahne und all das. Klar? Natürlich ließe sich so etwas beliebig fortsetzen durch Kombinationswettbewerbe von Eiszapfenlutschen, Rückwärtslaufen und Schneeballwerfen – man muß die sechzehn Tage ja vollkriegen. Die Frage ist nur, ob die Macher des Programms damit jenes Prinzip des Sports erfüllen, das in seiner Einfachheit liegt. Die 10 km nach den 5 km gewann wie gehabt Ljubov Egorova vor Manuela di Centa.
Ulrich Kaiser

Bild unten: Der Jubel kam sofort, die Erschöpfung später – Manuela di Centa.

Ein goldener Sturz für Italien: Manuela di Centa siegte über die 15- und 30-km-Distanz.

klar war, daß Marit Wold ihr das zweite Gold überlassen mußte. Bronze ging wie schon über die fünf Kilometer an die Finnin Marja-Liisa Kirvesniemi. Die starken Russinnen blieben indes erstmals seit zehn Jahren in einem olympischen Einzelrennen ohne Edelmetall. Der »Wärmeeinbruch« von minus 18 auf nur noch minus sechs Grad hatte die Mitfavoritinnen ausgebremst. Diagnose der Experten: verwachst.

68

Eine der erfolgreichsten Winter-Olympioniken aller Zeiten: Ljubov Egorova (oben, als Staffel-Schlußläuferin).

Freude nach dem langen Lauf: die 30-km-Siegerinnen Manuela di Centa, Marit Wold und Marja-Liisa Kirvesniemi.

DIE SIEGER

Das italienische Oldie-Quartett lief den zusammen 30 Jahre jüngeren Norwegern den Rang ab.

Andreas Goldberger erflog für seine Mannschaft Bronze. Hinter ihm das deutsche Team.

Ins Ziel gestürzt: Der Italiener Silvio Fauner blieb über zehn Kilometer medaillenlos.

Skispringen 90 m
Einzel — 25.02.1994

1. E. Bredesen (NOR) — 282,0 (100,5 · 104,0)
2. L. Ottesen (NOR) — 268,0 (102,5 · 98,0)
3. D. Thoma (GER) — 260,5 (98,5 · 102,5)
4. J. Weißflog (GER) — 260,0 (98,0 · 96,5)
5. N. Kasai (JPN) — 259,0 (98,0 · 93,0)
6. J. M. Soininen (FIN) — 258,5 (95,0 · 100,5)
7. A. Goldberger (AUT) — 258,0 (98,0 · 93,5)
10. C. Moser (AUT) — 245,0 (92,0 · 95,0)

Skispringen 120 m
Team — 22.02.1994

1. Deutschland — 970,1
   Jäkle · Duffner
   Thoma · Weißflog
2. Japan — 956,9
   Nishikata · Okabe
   Kasai · Harada
3. Österreich — 918,9
   Kuttin · Moser
   Horngacher · Goldberger
4. Norwegen — 898,8
   Berg · Ottesen
   Ljøkelsøy · Bredesen
5. Finnland — 889,5
   Ylipulli · Vaeaetaeinen
   Ahonen · Soininen
6. Frankreich — 822,1
   Delaup · Jean-Prost
   Dessum · Mollard
7. Tschechische Republik — 800,7
   Dlunos · Krompolc
   Parma · Sakala
8. Italien — 782,3
   Pertile · Cecon
   Cecon · Lunardi

Nord. Kombination
Team — 24.02.1994

1. Japan — 0,0
   Kono · Abe · Ogiwara
2. Norwegen — 4:49,1
   Apeland · Vik · Lundberg
3. Schweiz — 7:48,1
   Kempf · Cuendet · Schaad
4. Estland — 10:15,6
   Freimuth · Levandi · Markvardt
5. Tschechische Republik — 12:04,1
   Panek · Kucera · Maka
6. Frankreich — 12:41,2
   Guillaume · Michon · Guy

Skispringen 120 m
Einzel — 20.02.1994

1. J. Weißflog (GER) — 274,5 (129,5 · 133,0)
2. E. Bredesen (NOR) — 266,5 (135,5 · 122,0)
3. A. Goldberger (AUT) — 255,0 (128,5 · 121,5)
4. T. Okabe (JPN) — 243,5 (117,0 · 128,0)
5. J. M. Soininen (FIN) — 231,1 (117,0 · 122,5)
6. L. Ottesen (NOR) — 226,6 (117,0 · 120,0)
8. J. Nishikata (JPN) — 218,3 (123,5 · 110,0)
10. D. Mollard (FRA) — 213,3 (121,5 · 109,5)
11. C. Duffner (GER) — 213,0 (122,5 · 107,5)

Staffel 4 x 10 km
Männer — 22.02.1994

1. Italien — 1:41:15,0
   De Zolt · Albarello
   Vanzetta · Fauner
2. Norwegen — 1:41:15,4
   Sivertsen · Ulvang
   Alsgaard · Dæhlie
3. Finnland — 1:42:15,6
   Myllylae · Kirvesniemi
   Raesaenen · Isometsae
4. Deutschland — 1:44:26,7
   Rein · Behle
   Schlickenrieder · Mühlegg
5. Rußland — 1:44:29,2
   Kirillov · Prokourorov
   Lazutin · Botvinov
6. Schweden — 1:45:22,7
   Ottosson · Majbaeck
   Bergstroem · Forsberg
7. Schweiz — 1:47:12,2
   Wigger · Diethelm
   Capol · Guidon
8. Tschechische Republik — 1:47:12,6
   Buchta · Korunka
   Teply · Benć
9. Kasachstan — 1:47:41,3
   Ivanov · Korolev
   Nevzorov · Riabinine

Nord. Kombination
Einzel — 19.02.1994

1. F. B. Lundberg (NOR) — 0,0
2. T. Kono (JPN) — 1:17,5
3. B. E. Vik (NOR) — 1:18,3
4. K. Ogiwara (JPN) — 2:08,8
5. A. Markvardt (EST) — 2:41,9
6. H. Kempf (SUI) — 3:45,3
7. J.-Y. Cuendet (SUI) — 3:55,6
22. T. Abratis (GER) — 7:40,8
23. T. Dufter (GER) — 7:40,9

Verfolgung
Männer — 19.02.1994

1. B. Dæhlie (NOR) — 1:00:08,8
2. V. Smirnov (KAZ) — 1:00:38,0
3. S. Fauner (ITA) — 1:01:48,6
4. M. Myllylae (FIN) — 1:01:55,9
5. M. Botvinov (RUS) — 1:01:57,8
6. J. Raesaenen (FIN) — 1:02:03,7

Sammler von Olympia-Trophäen: Der Norweger Bjørn Dæhlie ließ sich von seinen Konkurrenten auf Händen tragen.

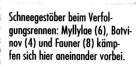

Schneegestöber beim Verfolgungsrennen: Myllylae (6), Botvinov (4) und Fauner (8) kämpfen sich hier aneinander vorbei.

Langlauf 10 km
Männer — 17.02.1994

1.	B. Dæhlie (NOR)	24:20,1
2.	V. Smirnov (KAZ)	24:38,3
3.	M. Albarello (ITA)	24:42,3
4.	M. Botvinov (RUS)	24:58,9
5.	S. Sivertsen (NOR)	24:59,7
6.	M. Myllylae (FIN)	25:05,3
10.	A. Stadlober (AUT)	25:25,4
11.	J. Behle (GER)	25:29,4
17.	J. Mühlegg (GER)	25:50,6

Langlauf 50 km
Männer — 27.02.1994

1.	V. Smirnov (KAZ)	2:07:20,3
2.	M. Myllylae (FIN)	2:08:41,9
3.	S. Sivertsen (NOR)	2:08:49,0
4.	B. Dæhlie (NOR)	2:09:11,4
5.	E. Jevne (NOR)	2:09:12,2
6.	C. Majbaeck (SWE)	2:10:03,8
7.	M. De Zolt (ITA)	2:10:12,1
8.	G. Vanzetta (ITA)	2:10:16,4
11.	S. Fauner (ITA)	2:11:09,6
15.	A. Stadlober (AUT)	2:13:13,5
16.	J. Wigger (SUI)	2:13:40,2
23.	P. Remy (FRA)	2:16:21,4

Langlauf 30 km
Männer — 14.02.1994

1.	T. Alsgaard (NOR)	1:12:26,4
2.	B. Dæhlie (NOR)	1:13:13,6
3.	M. Myllylae (FIN)	1:14:14,5
4.	M. Botvinov (RUS)	1:14:43,3
5.	M. De Zolt (ITA)	1:14:55,5
6.	J. Isometsae (FIN)	1:15:12,5
7.	S. Fauner (ITA)	1:15:27,7
9.	J. Mühlegg (GER)	1:15:42,8

Verfolgung
Frauen — 17.02.1994

1.	L. Egorova (RUS)	41:38,1
2.	M. di Centa (ITA)	41:46,4
3.	S. Belmondo (ITA)	42:21,1
4.	L. Lazutina (RUS)	42:36,6
5.	N. Gavriluk (RUS)	42:36,9
6.	K. Neumannova (CZE)	42:49,8

Staffel 4 x 5 km
Frauen — 21.02.1994

1.	Rußland	57:12,5
	Vælbe · Lazutina Gavriluk · Egorova	
2.	Norwegen	57:42,6
	Dybendahl · Nybråten Nilsen · Moen	
3.	Italien	58:42,6
	Vanzetta · di Centa Paruzzi · Belmondo	
4.	Finnland	59:15,9
	Maeaettae · Kirvesniemi Lahtinen · Rolig	
5.	Schweiz	1:00:05,1
	Honegger · Schwager Mettler · Albrecht	
6.	Schweden	1:00:05,8
	Frithioff · Oestlund Fritzon · Ordina	
7.	Slowakei	1:01:00,2
	Balazova · Bukvajova Kutlikova · Havrančikova	
8.	Polen	1:01:13,2
	Maciuszek · Ruchala Kwasny · Bocek	

Langlauf 5 km
Frauen — 17.02.1994

1.	L. Egorova (RUS)	41:38,1
2.	M. di Centa (ITA)	41:46,4
3.	S. Belmondo (ITA)	42:21,1
4.	L. Lazutina (RUS)	42:36,6
5.	N. Gavriluk (RUS)	42:36,9
6.	K. Neumannova (CZE)	42:49,8
7.	T. Dybendahl (NOR)	42:50,2
8.	A. Moen (NOR)	43:21,2
11.	S. Honegger (SUI)	43:38,9

Langlauf 15 km
Frauen — 13.02.1994

1.	M. di Centa (ITA)	39:44,5
2.	L. Egorova (RUS)	41:03,0
3.	N. Gavriluk (RUS)	41:10,4
4.	S. Belmondo (ITA)	41:33,6
5.	L. Lazutina (RUS)	41:57,6
6.	E. Vælbe (RUS)	42:26,6
7.	A. Ordina (SWE)	42:29,1
8.	A. Havrančikova (SVK)	42:34,4

Langlauf 30 km
Frauen — 24.02.1994

1.	M. di Centa (ITA)	1:25:41,6
2.	M. Wold (NOR)	1:25:57,8
3.	M.-L. Kirvesniemi (FIN)	1:26:13,6
4.	T. Dybendahl (NOR)	1:26:52,6
5.	L. Egorova (RUS)	1:26:54,8
6.	E. Vælbe (RUS)	1:26:57,4
7.	I. H. Nybråten (NOR)	1:27:11,2
8.	M. Rolig (FIN)	1:27:51,4
9.	S. Nagejkina (RUS)	1:27:57,2
10.	A. Moen (NOR)	1:28:18,1
11.	A. Ordina (SWE)	1:28:39,2

71

BIATHLON

BIATHLON MÄNNER

Eine kleine Straße in Schmalkalden

Wenn sie immer so geschossen hätten wie in der Staffel. Doch, weil beim Ski-Zweikampf auch das Gewehr und ein bißchen Glück beim Schießen dazugehört, mußten die deutschen Biathleten bis zum letzten Tag auf den ganz großen Triumph warten.

Ein bißchen lag das wohl auch an den riesigen Erwartungen, welche die deutschen Skijäger seit Albertville wie einen unsichtbaren Rucksack mittragen. Und an der Legende Mark Kirchner, der seit vier Jahren keinen wichtigen Wettkampf mehr verloren hatte. Weshalb nach den 20 Kilometern mehr über den 7. Platz des siebenmaligen Weltmeisters und Doppel-Olympiasiegers (bis dato das beste Saison-Resultat Kirchners) als über die Silbermedaille von Frank Luck und die bronzene von Sven Fischer geredet wurde. Die hatten sich die beiden Schwäger, die in Schmalkalden in der gleichen Straße wohnen, redlich verdient.

Der 22jährige Sven Fischer wollte seine Karriere schon beenden. Nach mehreren Knieoperationen kündete er seinen Rücktritt an. Erst seine Eltern konnten ihn überreden weiterzumachen. Und auch Frank Luck mochte bei diesem Ergebnis wieder glauben, daß es auch einen lieben Gott für Biathleten gibt. Denn vor zwei Jahren hatte »Lucky« die Medaillen-Feste seiner Kollegen von zuhause verfolgen müssen – wegen Mumps, den er sich bei seiner kleinen Tochter eingefangen hatte.

Die deutschen Trainer aber standen im Zwiespalt ihrer Gefühle. Der fürs Schießen zuständige Coach Norbert Bayer: »Ein wunderbares Mannschaftsresultat« (der dritte Deutsche, Jens Steinigen wurde Fünfter) – »aber wir haben beim Schießen die Goldmedaille verschenkt«.

Von der Favoritenschwäche profitierte einer, der wie Luck keine guten Erinnerungen an die Spiele in Frankreich hatte. Serguei Tarasov wäre im Olympischen Dorf von Les Saisies beinahe gestorben: »Nur den Ärzten der Klinik von Chambery verdanke ich, daß ich noch am Leben bin.« Tarasov, so die Version der damaligen GUS-Ärzte, soll sich an einer überreifen kirgisischen Frucht vergiftet haben.

»Ich komm' rein ins Ziel, glotz auf die Tafel, da ist Tchepikov oben«.

Goldstaffel (rechts): Die Deutschen siegten ohne Fehlschuß. Langstrecke: Trotz dreier Fehlschüsse blieb Serguei Tarasov (unten) erfolgreichster Skijäger.

74

Glücklos: Serguei Tchepikov (links) blieb auf 20 Kilometern ohne Medaille. Drei Tage später ging er als erster durchs Ziel.

Erfolg in Silber: Ricco Groß (oben) konnte sich auf der Kurzstrecke als einziger Skijäger unter den Russen behaupten.

Die Empfindungen Mark Kirchners nach dem Sprint-Wettbewerb. Den Namen, den Kirchner dort zuerst hatte lesen wollen, stand eine Zeile drunter: Ricco Groß, sein bester Kumpel. Keiner hätte Groß den Erfolg mehr gewünscht als er, der vor zwei Jahren in Albertville vor dem gleichaltrigen Gold holte.

Der junge Mann mit der roten Baseballkappe hatte seinen Silberlauf von Frankreich wiederholt. Er hatte sich von Schorsch Hackl (»bärig, Ricco, bärig«) umjubeln und mit dem Daumen nach oben ablichten lassen. Er hatte seine Freundin Katrin auf der Tribüne abgebusselt, und die sechs Sekunden, die zum ganz großen Clou gefehlt hatten, als pippifax abgetan. »Vor sechs Wochen in Ruhpolding war ich 98ster, das vergeß ich nie.« Eine schmerzhafte Operation des Weisheitszahnes war an dem niederschmetternden Ergebnis schuld und Grund, warum keiner mit einem solchen Erfolg von Groß bei der Olympiade gerechnet hat.

Während sich die Konkurrenz wieder mal über das Geheimnis der deutschen Skijäger wunderte, vor allem darüber, warum diese zuverlässig wie Schwarzwald-Uhren zum Saison-Höhepunkt ihre Hochform erreichen, schimpfte einer. »In Deutschland zählt nur Gold, alles andere....«. Nehmen wir mal an, daß Mark Kirchner auf diese Art seine persönliche Enttäuschung – er wurde zwölfter – wegreden wollte.

Mark Kirchner hat seine Goldmedaille dann in der Staffel gekriegt. Ein Erfolg, der gleich hinter dem Sieg von Les Saisies eingeordnet wird. Damals wurden Historie und Politik in diesen Sieg hineininterpretiert: Es war überhaupt die erste deutsche Staffel-Goldmedaille in der Biathlon-Geschichte. Und die Herren Kirchner, Groß, Steinigen und Fischer (Fritz) wurden nach der ersten gesamtdeutschen Mannschafts-Goldmedaille als Paradebeispiel für das erfolgreiche Zusammenwachsen zweier Systeme dargestellt.

Wieder rannte ein Fischer, diesmal Sven, mit einer schwarz-rot-goldenen Fahne und mit großem Vorsprung über die Ziellinie. Nicht aus nationalistischem oder chauvinistischen Gehabe. Nein, darum sei es ihm nicht gegangen, sagte Fischer der Jüngere, »aber ich habe vor zwei Jahren im Fernsehen den alten Fritz mit der Fahne gesehen – und dieses Bild ging mir nicht aus dem Kopf.«

Beim großen Biathlon-Abend im Oberhof-Zelt, alle vier Athleten stammen aus dieser Gegend, hat Ricco Groß den ganz normalen Zusammenhalt innerhalb der zweiten Gold-Staffel geschildert. »Wir haben auch außer Biathlon viele gemeinsame Interessen. Und mindestens alle 14 Tage treffen wir uns einmal auf ein paar Bier. All das macht uns als Team so stark.«

Na dann, Prost!

Olympiadebüt: Sven Fischer, der Gesamtsieger des Sprint-Weltcups 1993, holte sich über 20 Kilometer Bronze.

Erschöpfung: Frank Luck jagte seinem Schwager Sven Fischer in einem beispiellosen Aufholrennen über 20 Kilometer Silber ab.

Drei Fehlschüsse: Nur noch wenige Sekunden trennten Frank Luck (links) von Serguei Tarasov am Ende der Langstrecke.

BIATHLON FRAUEN
Erklärungen für das Unerklärliche

Spannung bis zum Schluß: Biathlon der Frauen (rechts). Knapper Sieg: Myriam Bedard (unten) holte Gold auf der Kurzstrecke.

Unverhoffte Medaille: Ursula Disl (Mitte) schoß zweimal daneben und holte trotzdem Bronze.

Geschlagen: Die Norwegerin Elin Synneve Kristiansen erreichte Platz zehn auf der Kurzstrecke.

Tränen und immer wieder Tränen. Kein Trost vermochte den Fluß zu stoppen. Simone Greiner-Petter-Memm verließ mit festgemeiselter Miene den Zielraum im Birkebeineren-Stadion, das Gewehr von Mißachtung gestraft auf den Schultern. Hinter den Tribünen konnte sie endlich hemmungslos drauflos schluchzen. Die Biathletin hatte gerade zusammen mit ihren Teamkolleginnen Uschi Disl, Antje Harvey und Petra Schaaf die Silbermedaille in der 4×7,5-Kilometer-Staffel gewonnen. Aber Medaillen sind nun einmal keine stabile Währung.

Die Kursschwankungen sind immer geprägt von den an den Erwartungen orientierten Ergebnissen. Und danach mußten die vier deutschen Skijägerinnen eben erst einmal mächtig enttäuscht sein, ehe sie sich dann doch freuen konnten.

Uschi Disl war das im Einzelrennen über 15 Kilometer so ähnlich ergangen. Während sie überglücklich war, trotz dreier Fehlschüsse noch eine Bronzemedaille ergattert zu haben, rechneten im Hintergrund andere nach, was möglich gewesen wäre, wenn sie Volltreffer gelandet hätte.

Freilich war Simone Greiner-Petter-Memms Weltschmerz mit jenem kleinen Wehmutstropfen an Uschi Disls Bronzemedaille nicht zu vergleichen. Der Blick auf die Resultate erschien der 26jährigen Pädagogikstudentin wie das blanke Entsetzen: Die dort verzeichneten sechs Fehlschüsse waren Abbild ihres ganz alleinigen Debakels am Schießstand. Mit 16 Schüssen hatte sie nur viermal getroffen und mußte deswegen sechs Strafrunden rennen. Mit 1:11,2 Minuten Vorsprung vor der russischen Gegnerin hatte Simone Greiner-Petter-Memm die Führungsarbeit von Antje Harvey übernommen – und mit einem Rückstand von 2:32,5 Minuten übergab sie an Petra Schaaf.

Deren Lauf- und Schieß-Wettbewerb wechselte von der Jagd auf Gold zur Verteidigung von Silber: Im Ziel blieben nur noch vier Zehntelsekunden auf das Staffel-Quartett Frankreichs, das Bronze gewann. Als Olympiasieger ließen sich einstweilen schon die Russinnen Nadejda Talanova, Natalia Snytina, Louiza Noskova und Anfisa Reztsova feiern.

Die deutschen Damen suchten natürlich zusammen mit Bundestrainer Uwe Müßiggang nach vernünftigen Erklärungen für das Unerklärliche. Antje Harvey, als dreifache Medaillengewinnerin von Albertville (zweimal Gold, einmal Silber) eine der routiniertesten Skijägerinnen, kam auf die schlüssigste Begründung: »Simone hat dem Druck nicht standgehalten.«

Ihrer Vereinskameradin aus Oberhof fehlte die Wettkampferfahrung in solchen Situationen – immerhin hat die ehemalige Langläuferin erst vor zwei Jahren nach einer Babypause auf Biathlon umgesattelt.

Die unglückliche Pechmarie brauchte die Flinte wirklich nicht ins Korn zu werfen. Und die Kolleginnen ersparten ihr jegliche Vorwürfe. Denn sie mußten in den anderen Wettbewerben auch erfahren, daß nicht einmal Routine vor Fahrkarten schützt. Der anstrengende Aufstieg

Der olympische Konjunktiv

Es gibt kein »wenn« und »aber« und »hätte« und »würde« – im Sport ist der Konjunktiv ein wertloses Mittel, nicht einmal zur Erklärung geeignet, nur zur Ausrede. Aber manchmal ergibt sich daraus eine kleine Spielerei, die niemand verbieten darf. Wenn nämlich der Biathlon über zwanzig Kilometer ausgetragen wird, dann sollten es zwanzigtausend Meter sein – nicht mehr und nicht weniger. Die olympische Strecke war aber nur 19 875 Meter (in Worten: Neunzehntausendachthundertfünfundsiebzig) lang – 125 Meter fehlten. Die üblichen Reden: Das hat man vorher gewußt – oder: Das galt für alle. Alles richtig. Aber dann passierte es, daß einer namens Frank Luck lief und lief – die Uhr zeigte ihn als Vierten, als Dritten, dann sogar als Zweiten, als er seinen Schwager Sven Fischer überholt hatte. Mit jedem Schritt kam er dem führenden Russen Sergei Tarasov näher, noch zehn Sekunden, noch fünf. Dem Frank Luck fehlten zuletzt lumpige dreieinhalb Sekunden zum Olympiasieg, als er sich nach dem Ziel in den Schnee warf. Natürlich könnte man argumentieren, er hätte nicht danebenschießen dürfen, dann hätte es dicke gelangt. Aber man durfte auch ein bißchen mit dem Gedanken spielen, was gewesen wäre, wenn die Strecke 20 000 Meter und nicht 19 875 Meter lang gewesen wäre. Unter den Möglichkeiten gab es allerdings auch diese: Vielleicht hätte Frank Luck dann nur mit einer Sekunde verloren – oder gar mit fünf. Wie gesagt: Der Konjunktiv eignet sich nicht als olympische Disziplin. *Ulrich Kaiser*

vor dem Schießstand im Birkebeineren-Stadion jagte den Puls hoch – und es erforderte allergrößte Konzentration und Gelassenheit, ihn rechtzeitig wieder auf eine vernünftige Schlagzahl zu senken.

Über die lange Distanz von 15 Kilometern konnte sich die Kanadierin Myriam Bedard zwei Fehlschüsse leisten und wurde trotzdem Olympiasiegerin. Die 24jährige gewann übrigens auch die 7,5 Kilometer und wiederholte damit ihren goldenen Schuß von Albertville 1992.

Verwöhnt von den großen Erfolgen in Frankreich vor zwei Jahren, mußten sich die deutschen Damen erst damit abfinden, daß für sie insgesamt nur zwei Medaillen zum Abschluß bereitlagen. Antje Harvey, die – unter ihrem Mädchennamen Misersky – in Albertville allein zweimal Gold und einmal Silber gewonnen hatte, trainierte sich im Sommer vor Olympia in der Heimat ihres amerikanischen Ehemannes selbst. Nach einer schlimmen Virus-Erkrankung, die aus dem deutschen Team nur Uschi Disl verschonte, war sie dann nicht mehr rechtzeitig zu den Spielen in Lillehammer in Form gekommen: Rang neun über 15 und Rang 26 über 7,5 Kilometer standen schließlich für die 26jährige zu Buch.

Nicht mehr als einen Platz unter den ersten zehn hatte sich Uschi Disl für die 15 Kilometer gewünscht. Ihre Konkurrentinnen verpaßten jedoch die Zeitvorgabe der 23jährigen Oberbayerin, die schließlich Bronze mit nach Hause nahm.

Sven Fischer zeigt Flagge: Der 22jährige Schlußläufer (unten) überquerte die Ziellinie mit der deutschen Fahne.

DIE SIEGER

Wechsel: Staffel der Frauen (ganz oben). Gold verschossen: Das Team tröstete Simone Greiner-Petter-Memm (rechts) über Tränen hinweg.

Als schnellste ihrer Staffel freut sich Nadejda Talanova über den Sieg.

Biathlon 7,5 km
Frauen 23.02.1994

1.	M. Bedard (CAN)	26:08,8
2.	S. Paramygina (BLR)	26:09,9
3.	V. Tserbe (UKR)	26:10,0
4.	I. Sheshikl (KAZ)	26:13,9
5.	P. Schaaf (GER)	26:33,6
6.	I. Kokoueva (BLR)	26:38,8
8.	S. Greiner-Petter-Memm (GER)	26:46,5
13.	U. Disl (GER)	27:04,1

Staffel 4 x 7,5 km
Frauen 25.02.1994

1.	Rußland	1:47:19,5
	Talanova · Snytina Noskova · Reztsova	
2.	Deutschland	1:51:16,5
	Disl · Harvey · Greiner-Petter-Memm · Schaaf	
3.	Frankreich	1:52:28,3
	Niogret · Claudel Heymann · Briand	
4.	Norwegen	1:54:08,1
	Skjelbreid · Sikveland Fossen · Kristiansen	
5.	Ukraine	1:54:26,5
	Tserbe · Skolota Petrova · Ogurtsova	
6.	Weißrußland	1:54:55,1
	Kokoueva · Permiakova Ryzhenkova · Paramygina	

Biathlon 10 km
Männer 23.02.1994

1.	S. Tchepikov (RUS)	28:07,0
2.	R. Gross (GER)	28:13,0
3.	S. Tarasov (RUS)	28:27,4
4.	V. Dratchev (RUS)	28:28,9
5.	L. Gredler (AUT)	29:05,4
6.	F. Luck (GER)	29:09,7
7.	S. Fischer (GER)	29:16,0
12.	M. Kirchner (GER)	29:51,7

Biathlon 15 km
Frauen 18.02.1994

1.	M. Bedard (CAN)	52:06,6
2.	A. Briand (CAN)	52:53,3
3.	U. Disl (GER)	53:15,3
4.	S. Paramygina (BLR)	53:21,3
5.	C. Niogret (FRA)	53:38,1
6.	M. Jasicova (SVK)	53:56,4
9.	A. Harvey (GER)	54:12,4
11.	D. Heymann (FRA)	54:21,8
15.	P. Schaaf (GER)	54:52,9

Staffel 4 x 7,5 km
Männer 26.02.1994

1.	Deutschland	1:30:22,1
	Gross · Luck Kirchner · Fischer	
2.	Rußland	1:31:23,6
	Kirienko · Dratchev Tarasov · Tchepikov	
3.	Frankreich	1:32:31,3
	Dusserre · Bailly-Salins Laurent · Flandin	
4.	Weißrußland	1:32:57,2
	Maigourov · Khokhriakov Ryzhenkov · Popov	
5.	Finnland	1:33:11,9
	Latvala · Eloranta Seppaelae · Hietalahti	
6.	Italien	1:33:17,3
	Favre · Passler Carrara · Zingerle	
9.	Österreich	1:34:02,9
	Perner · Gredler Schuler · Pfurtscheller	

Biathlon 20 km
Männer 20.02.1994

1.	S. Tarasov (RUS)	57:25,3
2.	F. Luck (GER)	57:28,7
3.	S. Fischer (GER)	57:41,9
4.	A. Popov (BLR)	57:53,1
5.	J. Steinigen (GER)	58:18,1
6.	A. Zingerle (ITA)	58:54,1

EISKUNSTLAUF

EISKUNSTLAUF MÄNNER

Wenn es nichts mehr zu verlieren gibt

Nick wäre einfach gegangen. Damals in Rick's Cafe, in Casablanca, unter den schwingenden Rotorblättern des Ventilators, die unermüdlich die trüben Rauchschwaden zersägten. Und dann nur noch dieser eine Satz: »Ich schau dir in die Augen, Kleines.« Kurt Browning mimte Nick alias Humphrey Bogard zur Filmmusik des Kino-Bestsellers, aber den Abschied von Olympia gestaltete er höflicher. Die Verbeugung vor dem begeisterten Publikum im ausverkauften Amphitheater von Hamar war mehr als eine glückliche Geste: Browning war einer der drei Eiskunstläufer, die an diesem Abend keine Medaille, aber ihren außergewöhnlichen Ruf zurückgewonnen haben.

Viktor Petrenko, Olympiasieger 1992, Weltmeister Kurt Browning und Brian Boitano, Olympiasieger 1988, belegten im Schlußklassement die Plätze vier, fünf und sechs. Zu mehr hat es nicht mehr gereicht, weil alle drei hoch eingeschätzten Favoriten im Technikprogramm gestürzt und dabei an den eigenen Nerven gescheitert waren. Sie waren unsanft auf den Rängen acht (Boitano), neun (Petrenko) und zwölf (Browning) gelandet: Medaillen ade.

Der neue Olympiasieger hieß Aleksei Urmanov. Der 20jährige Russe aus Sankt Petersburg verteidigte seine Führung nach dem Technikprogramm mit acht dreifachen Sprüngen und einer einfühlsamen klassischen Kür zur Musik von Rossini. Das Gold von Hamar hat noch nicht die Brillanz vorheriger Olympiasieger, aber es ist ein Versprechen an die Zukunft.

Gleiches gilt für Silbermedaillengewinner Elvis Stojko (Kanada) und den Dritten Philippe Candeloro (Frankreich): Mit ihren 21 Jahren sind sie jung genug, zum technischen Repertoire noch die reife Schauspielkunst zu lernen, die Eiskunstläufer großmacht.

Weil der Rückstand zu groß war, geriet die Kür für den vierfachen Weltmeister Browning und die beiden reamateurisierten Profis zum Schaulaufen: Wenn es nichts mehr zu gewinnen gibt, gibt es auch nichts mehr zu verlieren. Der 27jährige Kanadier zeigte die mitreißendste Kür, auch wenn er nicht die besten Noten dafür bekam. Einen Sprung von zwölf auf eins sieht das Eiskunstlauf-Reglement nicht vor.

Der Ukrainer Viktor Petrenko (24) interpretierte Verdis Rigoletto und fügte, wie selbstverständlich, sieben tadellose dreifache Sprünge ins Programm.

Brian Boitano (30) verabschiedete sich von Olympia ebenfalls mit dem kompletten Repertoire und »dem schönsten dreifachen Axel, den ich je gesprungen habe«. Nostalgie richtet sich nicht nach Noten: Das Showdown fand am Fuß des Medaillentreppchens statt.

Elvis Stojko, Kung-Fu-Fan und als bester Springer im Feld der Eiskunstläufer apostrophiert, setzte mit seiner Kür neue Maßstäbe.

Philippe Candeloro (Fachleute hielten ihn für den besten Künstler) nach seiner Bronze-Kür.

Linke Seite: der Klassiker, Aleksei Urmanov, mit Rüschenhemd und Klängen von Rossini zur Goldmedaille.

Favoritenstürze mit ausgefahrenen Landeklappen: Oleg Tataurov aus Rußland landete unter anderem auf Platz 11 der Siegerliste.

EISKUNSTLAUF FRAUEN
Die Frauen, das Attentat und der Sieg

Happy-End in Silber: Nach dem Attentat im Januar hat sich Nancy Kerrigan (rechts) von den Verletzungen am Knie hervorragend erholt.

Mit stehenden Ovationen verabschiedeten die 6000 Zuschauer die zweifache Olympiasiegerin Katarina Witt und begrüßten die neue Goldmedaillengewinnerin Oksana Baiul (Ukraine) mit herzlichem Applaus. Es war der letzte Akt eines großen Showdown.

Die Fernseh-Einschaltquoten sprengten alle Rekorde. Das Eiskunstlaufen der Damen wurde zum Bestseller der Winterspiele. Den Stoff lieferte ein Kriminalstück jenseits der Bande: Die amerikanische Gold-Hoffnung Nancy Kerrigan war bei einem Attentat mit einem Aluminium-Knüppel am Knie verletzt worden. Ihre Teamkollegin Tonya Harding geriet durch die FBI-Ermittlungen in den Verdacht, von den Attentatsplänen gewußt zu haben. Ein Fall fürs Gericht – und die Medien spielten das Stück von der Schönen und dem Biest mit ungewissem Ausgang.

Am Ende eroberten die Athletinnen die Hauptrollen im Eistheater zurück: Nancy Kerrigan mußte sich mit Silber begnügen, und Tonya Harding wurde Achte. Die 16jährige Düsseldorferin Tanja Szewczenko feierte als Sechste ein erfolgreiches Olympia-Debüt. Und Katarina Witts Comeback sechs Jahre nach ihrem Olympiasieg in Calgary nahm der siebte Platz nichts von seinem Glanz. Ihre Kür zur Musik der Anti-Kriegs-Ballade »Sag mir, wo die Blumen sind« war nicht nach Sprüngen, sondern nach ihrer Botschaft zu bewerten. Katarina Witt: »Ich wollte den Leuten sagen: Seht her, wir haben nur diese eine Welt.«

Ziel erreicht: Vor Katarina Witt belegte die Deutsche Meisterin Tanja Szewczenko (rechts) den sechsten Platz.

Showtalent Katarina Witt: Comeback nach Olympiasieg in Calgary im Jahr 1988.

Unfall beim Training: Oksana Baiul (links) holte sich Gold. Kurz vor ihrem Vortrag mußte sie noch am Bein genäht werden.

Überzeugte die Wertungsrichter: Die Chinesin Lu Chen (unten) verabschiedete sich mit einer Bronzemedaille von Hamar.

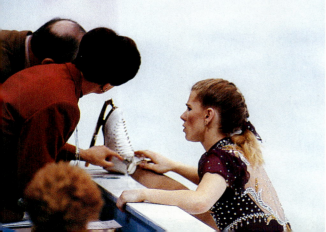

Verpatzte Träume: Tonya Harding (ganz links) riß ein Schnürsenkel, Surya Bonaly blieb mit dem vierten Platz medaillenlos.

EISKUNSTLAUF PAARE
Von großen Sprüngen und großem Pech

Gold für Beethovens kristallklare Musik und das russische Eis-Paar Ekaterina Gordeeva und Sergei Grinkov im Amphi-Theater von Hamar.

Aus dem kessen Teenager von einst ist eine bildschöne, selbstbewußte junge Frau geworden. Und der Partner, der sie sechs Jahre zuvor in Calgary noch wie ein geschlechtsneutrales Federgewicht durch die Lüfte gewirbelt hatte, ist längst auch ihr Ehemann: Ekaterina Gordeeva (22) und Sergei Grinkov (27). Im Paarlaufen ist das so: Jene Liebesgeschichten, die nicht nur auf dem Eis, sondern auch im wirklichen Leben erzählt werden, sind oft die erfolgreichsten. Töchterchen Dasha wurde von den Großeltern betreut, während Mama und Papa ihre zweite Goldmedaille gewannen. 1988 schon Olympiasieger, hatten Gordeeva/Grinkov sich 1990 mit ihrem zweiten Weltmeistertitel vom Wettkampfsport verabschiedet – und als Olympiasieger feierten sie im Amphitheater in Hamar nun ein goldenes Comeback. Ekaterina Gordeeva: »Wir haben als Profis in Amerika viel gelernt.«

Der Reifeprozeß hat sie noch stärker gemacht. Ein paar kleine technische Fehler störten weder die Brillanz ihres artistisch-athletischen Programms noch das Urteil der Preisrichter. Platz eins nach dem Technikprogramm blieb Platz eins nach der Kür. Sergei Grinkov, wie seine Partnerin normalerweise ein Garant für temporeiche Präzisionsarbeit auf dem Eis, mußte hinterher einräumen, daß die Nervosität ihn doch ein wenig aus der Balance gebracht hatte. Grinkov: »Es ist halt etwas anderes, wenn es um olympisches Gold geht.«

Es war ein spannendes Duell: die einen aus Moskau, die anderen aus Leningrad. Die einen Vertreter der schnörkellosen, atemberaubenden Athletik, die anderen Künstler mit der tänzerischen Kreativität der Theaterwelt. Nur ein Paar konnte gewinnen: Natalia Mishkutenok (23) und Artur Dmitriev (26), Olympiasieger 1992 in Albertville, mußten sich in Hamar ihren Vorgängern geschlagen geben. Die amtierenden Weltmeister Isabelle Brasseur (23) und Lloyd Eisler (30) aus Kanada konnten trotz einer fehlerlosen Kür nicht in den Kampf um Gold eingreifen – und fühlten sich mit Bronze dennoch als heimliche Olympiasieger. Isabelle Brasseur: »Wenn man die Profis wegnimmt.«

Das kleine Glück ist freilich immer noch besser als das große Pech, das der deutschen Paarlauf-Hoffnung aus Chemnitz widerfuhr: Ingo Steuer mußte Mandy Wötzel nach einem Sturz verletzt auf seinen Armen vom Eis tragen. Den Zuschauern im Amphitheater stockte der Atem, aber der Sturz sah schlimmer aus als dessen Folgen: Die 20jährige erlitt eine Platzwunde am Kinn, leichte Brustprellungen und Schürfwunden. Auch wenn es kein Trost war: Nach dem 8. Platz im Technikprogramm waren die heimlichen Medaillenträume der Weltmeisterschafts-Zweiten aus dem Vorjahr ohnehin schon ausgeträumt.

Bronze für einen furiosen Kniefall: Isabelle Brasseur und Lloy Eisler aus Kanada (oben).

Vom Publikum Gold, von den Preisrichtern nur Silber: Natalya Mishkutenok und Artur Dmitriev bei ihrer kreativen Kür.

Umarmung vor dem Fall: das vom Pech verfolgte deutsche Paar Mandy Wötzel und Ingo Steuer.

EISTANZ
Von Legenden, Experten und Katerstimmung

Auf den Arm genommen. Für das schon legendäre Paar Jayne Torvill und Christopher Dean war der Tanz bei Bronze zu Ende.

Absturz. Die amtierenden Weltmeister Maya Usova und Alexsandr Zhulin. Eine Umarmung mit Silber-Wert.

Es herrschte Volksfeststimmung im Tanzpalast. Sprechchöre und Kuhglockengebimmel, Spruchbänder und Fahnenbanner kündigten Großes an. Die Tribünen im Amphitheater in Hamar waren so überfüllt, daß die Ordner erstmals energisch werden mußten. »Nicht hier, das ist der Feuerfluchtweg.« Im Athletenblock saß alles, was Rang und Namen hat – und die kreisenden Fernsehkameras fanden prominente Blickfänge genug: Katarina Witt, Brian Boitano, Viktor Petrenko, Gordeeva/Grinkov – diesen Abend wollte sich keiner der amtierenden und ehemaligen Olympiasieger im Eiskunstlaufen entgehen lassen.

Eistanz-Entscheidung – oder: it's Torvill-Dean-Time. Die Rückkehr der britischen Traumtänzer Jayne Torvill (36) und Christopher Dean (35) zehn Jahre nach ihrem Olympiasieg in Sarajewo und dem legendären Bolero, den sie dort vergoldet hatten, gehörte zu den vielversprechendsten Höhepunkten der Spiele in Norwegen.

Entsprechend hoch waren die Erwartungen – und entsprechend groß die Enttäuschung, als die Musikfanfaren die Paare zur Siegerehrung aufs Eis riefen: Gold für die Moskauer Oksana Grichtchuk und Yevgeny Platov, Silber für deren in Lake Placid in Amerika lebende Landsleute Maya Usova und Aleksandr Zhulin – und Bronze für Torvill/Dean.

Die Olympiasieger bekamen natürlich freundlichen Beifall, die Zweiten ebenfalls, aber sie spürten, daß

Gedankenübertragung, die Gold wert war. Oksana Grichtchuk (mit Dutt) und Yevgeny Platov (mit Krawatte).

91

Eiskunstlauf wie im richtigen Leben

In den Hallen, in denen sie bei diesen Gelegenheiten das Eiskunstlaufen stattfinden lassen, gibt es einen Winkel, der von den Anglophilen als »kiss-and-cry-corner« bezeichnet wird – die Ecke der Küsse und der Tränen. Das ist eine wunderbare Einrichtung, denn beim Eiskunstlaufen geht's über das reine Zuschauen weit hinaus – wie in keinem anderen Sport wird man hier zum Voyeur. Bei den Herren gab es die aus der Show-Welt zurückgekehrten Stars, die im gemäßigteren Glimmer Olympias ihren verblassenden Glanz aufzupolieren gedachten: Boitano, Browning und Petrenko verkörperten in jener Ecke das leibhaftige Erstaunen über die uralte Eiskunstlauf-Erkenntnis, nach der einem, der auf dem Hosenboden landet, auch der berühmteste Name nichts hilft. Aber das war noch Kinderkram gegen das, was bei den Damen stattfand: Die ganze Welt redete wochenlang von nichts anderem als den beiden Amerikanerinnen Nancy Kerrigan und Tonya Harding. Als sie zur gleichen Zeit aufs Eis zum Training mußten, stand ein halbes tausend Reporter an der Bande – beide luden zu Pressekonferenzen und beide sagten nichts. Als alles vorbei war, saßen sie in jener Ecke – und wir Fernseh-Voyeure durften uns ihre Gedanken ausmalen. Eiskunstlauf ist mit seinem Flitter, seinen Gebärden, seiner Musik und seinem glatten Boden ein seltsamer Sport. Vielleicht ist Eiskunstlauf mit Freude und Tränen, Haß und Liebe deshalb dem richtigen Leben ähnlicher als andere Sportarten.

Ulrich Kaiser

die Herzen der meisten Zuschauer denen gehörten, die sie geschlagen hatten. Das hatte natürlich mit sportlicher Bewertung nur sehr am Rande zu tun. Es tut immer weh, wenn Legenden besiegt werden. Aber Eistanzen ist Sport: Nach einem auffälligen Fehler in den Pflichttänzen fanden sich die Briten vor dem Originaltanz schon auf dem dritten Platz wieder und mußten auch noch froh darüber sein. Mit einer faszinierenden Rumba gewannen sie völlig zu Recht diesen zweiten Wettkampfteil. Damit war für die Entscheidung Spannung pur gegeben: Die Besten in der Kür würden Gold gewinnen.

Aber wer waren die Besten? Laien staunten, Experten wunderten sich – aber von Skandal konnte dann auch wieder nicht die Rede sein. Eher von Katerstimmung: Die rauschende Ballnacht hatte nicht ganz gehalten, was man sich von ihr versprochen hatte. Die Weltmeister Usova/Zhulin hatten ihre Kür nach den Europameisterschaften drei Wochen zuvor zwar komplett umgestaltet und auch ein neues Kostüm angezogen, doch der Aha-Effekt blieb aus. Grichtchuk/Platov tanzten ihren fetzigen Rock'n'Roll mit Blues mit angezogener Handbremse und flatternden Nerven. »Es war schwer für uns nach Torvill/Dean. Diese Namen sind eine Barriere.« Die Namen schon, der Auftritt an diesem Abend nicht so sehr: Ein flottes, technisch anspruchsvolles Programm reichte nicht, um die Funken sprühen zu lassen.

Brachte Bronze den Mythos um? Sie lächelten tapfer und schürten das Feuer von einst: Im Schaulaufen am Ende der Spiele gab es Torvill/Dean in memoriam Torvill/Dean – mit dem Bolero. Legenden überleben eine Niederlage.

In den Eisstadien wird der Zuschauer zum Voyeur: Verloren zieht ein Paar über das Eistanz-Emblem, hoffen Amateure auf hohe Punkte.

DIE SIEGER

Nervensache: Die Noten sind Gold wert. Waisenkind Oksana Baiul (16) kann's nicht fassen.

Siegerin trotz Silber: Nach dem Attentat stieg Nancy Karrigans Marktwert um ein Vielfaches.

Abschied nach 30 Jahren: Trainerin Jutta Müller mit ihrer Meisterschülerin Katarina Witt.

Eiskunstlauf
Frauen   25.02.1994

1. O. Baiul (UKR)	2,0
2. N. Kerrigan (USA)	2,5
3. L. Chen (CHN)	5,0
4. S. Bonaly (FRA)	5,5
5. Y. Sato (JPN)	8,5
6. T. Szewczenko (GER)	8,5
7. K. Witt (GER)	11,0
16. N. Krieg (SUI)	24,5

Eiskunstlauf
Paare   15.02.1994

1. Gordeeva · Grinkov (RUS)	1,5
2. Mishkutenok · Dmitriev (RUS)	3,0
3. Brasseur · Eisler (CAN)	4,5
4. Shishkova · Naumov (RUS)	6,0
5. Meno · Sand (USA)	8,0
6. Kovarikova · Novotny (CZE)	8,5
7. Schwarz · König (GER)	11,5
8. Berezhnaia · Shliachov (LAT)	13,5
9. Ina · Dungjen (USA)	14,5
10. Sargeant · Wirtz (CAN)	15,5
11. Carr · Carr (AUS)	16,0
13. Gläser · Rauschenbach (GER)	19,0

Eiskunstlauf
Männer   19.02.1994

1. A. Urmanov (RUS)	1,5
2. E. Stojko (CAN)	3,0
3. P. Candeloro (FRA)	6,5
4. V. Petrenko (UKR)	8,5
5. K. Browning (CAN)	9,0
6. B. Boitano (USA)	10,0
7. E. Millot (FRA)	10,0
8. S. Davis (USA)	10,0

Eistanz
Paare   21.02.1994

1. Grichtchuk · Platov (RUS)	3,4
2. Usova · Zhulin (RUS)	3,8
3. Torvill · Dean (GBR)	4,8
4. Rahkamo · Kokko (FIN)	8,0
5. Moniotte · Lavanchy (FRA)	10,0
6. Krylova · Fedorov (RUS)	12,0

EISSCHNELLAUF

EISSCHNELLAUF UND SHORTTRACK

Da kapitulierte die Konkurrenz

Nach der ersten Woche der Spiele stand Johann Olav Koss auf dem Umschlag des Magazins »Time«. Nach all dem, was im umgestürzten Wikingerschiff losgewesen war, wenn Norwegens Superstar das Eis betreten hatte, fragten sich die Amerikaner, wer den Titel »the Boss« am ehesten verdiene: Bruce Springsteen, König Harald V. von Norwegen oder der 25jährige Medizinstudent aus Oslo. Dabei sollte dessen Krönung erst noch kommen: der Weltrekord über 10 000 Meter. Noch Tage danach beschäftigte Sportwissenschaftler aus der ganzen Welt die Frage, ob dies ein Rekord für die Ewigkeit sei oder ob diese Marke nur bis ins nächste Jahrhundert halte.

Drei Starts, drei Goldmedaillen, drei Weltrekorde und schon nach dem ersten Koss-Festival kapitulierte die Konkurrenz. Der Holländer Falko Zandstra: »Für uns geht es nur noch darum, ob wir mit Silber oder Bronze nach Hause fahren.«

Zwei Monate zuvor hatten Zandstra und dessen Kollege Rintje Ritsma den Norweger noch besiegt. In derselben Halle war Koss bei den Europameisterschaften über 5000 Meter lediglich Vierter geworden. Und sein Trainer, Hans Kristiansen, hatte festgestellt: »Jan fehlt jegliche Aggressivität im Wettkampf.«

War es der Psychologe, den Koss aufsuchen mußte, der für diesen ungeheuren Motivationsschub sorgte? Oder fand Koss selbst das alte Feuer wieder, hieß sein Kick ganz schlicht Olympia? Oder sollte da einer ganz besonders belohnt werden, weil er seine Siege, seine Freude, seinen Sport und sein Geld mit so vielen anderen teilt?

»Es ist wichtig, daß wir Solidarität zeigen mit den Menschen rund um die Welt, die es nicht so gut haben wie wir hier in unserem Wikinger-

Für die Zuschauer keine Frage: Nicht Bruce Springsteen oder König Harald V., sondern der 25jährige »Koss is the boss«.

Trauerspiel hat Happy-End gefunden

Kraftakte (oben): Mit Angst in den Beinen gewann Gunda Niemann Bronze. Anke Baier holte Silber auf 1000 Metern.

Kein Pechvogel: Die 22jährige Berlinerin Claudia Pechstein (rechts) holte sich in persönlicher Bestzeit über 3000 Meter Bronze.

schiff«, hatte schon Johann Olav Koss bei seiner ersten Siegerehrung gesagt. Und Publikum und Athleten zu Spenden aufgefordert. Er selbst ging mit gutem Beispiel voran und überwies die 225 000 Kronen (rund 50 000 Mark), die er vom Olympischen Komitee Norwegens als Medaillenprämie erhalten hatte, nach Sarajewo.

Der künftige Doktor Koss hat schon immer denen geholfen, die nicht auf der Sonnenseite des Lebens stehen. Nach einer Reise nach Eritrea gründete er einen Fonds, mit dem Waisenkinder und Kriegsopfer in Afrika unterstützt werden. Er ist Sponsor eines Sportfests für behinderte Kinder in Oslo. Zwei Teilnehmer dieser Mini-Olympiade, beide blind, hatte Koss als Ehrengäste zu seinen Siegesfeiern nach Hamar eingeladen.

Die Ovationen der 13 000 Zuschauer im neuen Mekka der Kufenflitzer gehörten Koss, the Boss. Das Rührstück blieb Dan Jansen vorbehalten. Eine Rolle, die inzwischen schon ganz Amerika kennt – nur mit dem Unterschied: statt des Dramas am Ende gab es ein Happyend. Vor seinem Start bei den Spielen von Calgary hatte Jansen vom Tod seiner Schwester erfahren. Er lief trotzdem – und stürzte zweimal. In Albertville hatte er das große Duell gegen seinen Freund Uwe-Jens Mey verloren. Der Mey von Hamar hieß Golubew, Dan Jansen, der Weltrekordler im Sprint auf Platz acht – kann ein Sportler soviel Schicksal aushalten?

Es hat viele Leute im Publikum gegeben, die vier Tage später mit Dan

Freudentanz zu Walzerklängen: Die Österreicherin Emese Hunyady (links) zeigte sich nach der Siegerehrung ausgelassen

Jubelnde »Eis-Franzi«: Das Olympia-Debüt brachte der 19jährigen Franziska Schenk eine Bronzemedaille über 500 Meter.

Über 500 Meter war es noch die gleiche Tragödie wie schon während der drei Olympiaden davor. Doch über 1000 Meter holte Dan Jansen Gold (oben).

Triumph für Stars-and-stripes und Short Track-Star Cathy Turner. Vorwurf der Konkurrenz: »Unfaire Sportlerin«.

Bild rechte Seite: Die schnellsten Damen im Short Track waren Lee-Kyung Chun, So-Hee Kim, Yoon-Mi Kim und Hye-Kyung Won.

Jansen mitgeheult haben. Mit der ersten Goldmedaille seiner Laufbahn und seinem x-sten Weltrekord trat der Ausnahmesportler Dan Jansen von der großen Bühne.

Bonnie Blair aber, weibliches Pendant von Dan Jansen, wird erst in einem Jahr good bye sagen. Die Weltmeisterschaften im eigenen Land will sie zum Abschluß noch mitnehmen. So lange müssen sich auch Anke Baier (21) und Franziska Schenk (19) noch hinter der Grand Dame gedulden. Hatte man mit Anke Baiers Silbermedaille über 1000 Meter fast rechnen können, gehörten Franziska Schenks 4. Platz und die Bronzemedaille im Sprint in die Spalte mit den positiven Überraschungen.

In der »Thüringer Allgemeinen« war am Freitag, den 18. Februar, eine Sonderseite mit der Schlagzeile »ein Vulkan auf dem Eis« eingeplant. Im Laufe des Nachmittags wurde die Überschrift geändert in »Sturz aus den Wolken«.

Um 14:12 Uhr hatte Gunda Niemann, unterwegs auf Weltrekordkurs zu ihrer dritten Goldmedaille, beim Bahnwechsel mit dem Schlittschuh eine Begrenzungsmarke erwischt. Das kleine rote Ding flog zur Seite, doch Gunda Niemann konnte die Fliehkräfte, die im Scheitelpunkt der Kurve ein dreifaches des Körpergewichts betragen, nicht mehr halten. Sie driftete über die Bahn und riß die Japanerin Seiko Hashimoto mit.

So kam Svetlana Bashanova zur Goldmedaille über 3000 Meter und Claudia Pechstein rutschte einen Rang höher zu Bronze. Gunda Niemann aber fiel in ein Loch und wurde die Angst im Kopf nicht

Hand aufs Eis beim Short Track: Ji-Hoon Chae aus Korea holte sich auf der 1000-m-Strecke die Silbermedaille (Bild links).

mehr los. Sie hatte gehofft, daß diese innere Sperre nach dem Startschuß im 1500-Meter-Rennen fallen würde. Doch die Verkrampfung löste sich nicht. In dieser fürchterlichen Verfassung war Gunda Niemann letztendlich froh, »daß ich überhaupt noch eine Medaille geholt habe«.

Der Weg war frei für Emesse Hunyady. Keine Olympiasiegerin hat so viel Freudentränen verheult wie die Österreicherin aus Budapest. Aber weil sie ihre Freude auch künstlerisch ausdrücken wollte, malte sie ihr Gefühl aufs Eis. Auf der Ehrenrunde tanzte sie Wiener Walzer. Claudia Pechstein trug zu diesem Anlaß einen kleinen Clown mit dicker roter Nase vor sich her. Ihren Glücksbringer. Wie hätte sie den Sieg über 5000 Meter sonst erklären sollen? Sie war einfach losgerannt. Irgendwann über die Schmerzgrenze und in eine neue Dimension. Als sie kurz nach dem Ziel umsackte, hatte sie ihre eigene Bestzeit um 19 Sekunden verbessert.

»Ich war total baff«. Mehr konnte Gunda Niemann nicht sagen. Sie hätte Weltrekord laufen müssen. Doch wer kann das, gewissermaßen unter Schock. Gunda Niemann nahm das Silber und kündigte der neuen Konkurrentin für die Zukunft einen »harten, aber fairen Kampf« an.

Zeitgeschmack ›Short Track‹

Da kann einer sagen, was er will: Dieses neue olympische ›Short Track‹-Rennen ist schon ein ziemlich verrücktes Spektakel. Es geht zwar auch um schnelles Laufen auf dem Eis, aber es hat nichts mit dem walzerhaften Eisschnellauf zu tun, wie man es kennt – nichts mit dem stillen Gleiten, nichts mit der Konzentration auf Rekorde, nichts mit der optisch schönen Harmonie. Das ›Short Track‹ ist oft viel ähnlicher einem Eishockey ohne Schläger, Tor und Puck – es rast eine Handvoll Läufer um die ›kurze Bahn‹, rempelt sich, stützt sich in den Kurven ab, schneidet sich den Weg ab – gar nicht so selten stürzen sie und rutschen mit voller Geschwindigkeit gegen die gepolsterten Wände, daß man glaubt, die Knochen knacken zu hören – ›Short Track‹ ist auch Hektik. Die obersten Olympier haben den Zeitraum dieser Spiele immer wieder verlängert – über die Gründe braucht man nicht mehr zu diskutieren. Schließlich benötigte man auch neue Sportarten, um die viele Zeit auszufüllen – ›Short Track‹ war nur eine von gar nicht so vielen Möglichkeiten, denn so reich ist der Winter auch wieder nicht. Es war eine logische Entscheidung, ›Short Track‹ in das olympische Programm aufzunehmen – nicht nur wegen der Attraktivität, die das Fernsehen verlangt. Die Olympier entschieden sich für den herrschenden Geschmack dieser Jahre. ›Short Track‹ paßt sehr gut in diese hektische Zeit – ›Short Track‹ ist nicht der etwas aus der Mode geratene Wiener Walzer, sondern ziemlich wilder Rock 'n' Roll.   *Ulrich Kaiser*

DIE SIEGER

Siegestaumel: Ihre persönliche Bestzeit verbesserte Claudia Pechstein über 5000 Meter um fast 20 Sekunden.

Aleksandr Golubev verlor das Ziel nicht aus den Augen. Genau 36,33 Sekunden befand er sich auf Erfolgskurs.

Erneuter Start nach Sturz: Seiko Hashimoto (oben) blieb bei ihrer zweiten Chance über 3000 Meter medaillenlos.

500 m
Männer		14.02.1994
1. A. Golubev (RUS)	OR	36,33
2. S. Klevchenya (RUS)		36,39
3. M. Horii (JPN)		36,53
4. H. Liu (CHN)		36,54
5. H. Shimizu (JPN)		36,60
6. J. Inoue (JPN)		36,63
18. P. Adeberg (GER)		37,35

1000 m
Männer		18.02.1994
1. D. Jansen (USA)	WR	1:12,43
2. I. Zhelezovsky (BLR)		1:12,72
3. S. Klevchenya (RUS)		1:12,85
4. H. Liu (CHN)		1:13,47
5. S. Bouchard (CAN)		1:13,56
6. P. Kelly (CAN)		1:13,67
13. P. Adeberg (GER)		1:14,15

Staffel 5000 m
Männer		26.02.1992
1. Italien		7:11,74
Carnino · Fagone		
Herrnhof · Vuillermin		
2. USA		7:13,37
Bartz · Coyle		
Flaim · Gabel		
3. Australien		7:13,68
Bradbury · Hansen		
Murtha · Nizielski		

1500 m
Männer		16.02.1994
1. J. O. Koss (NOR)	WR	1:51,29
2. R. Ritsma (NED)		1:51,99
3. F. Zandstra (NED)		1:52,38
4. A. Søndrål (NOR)		1:53,13
5. A. Anufricnko (RUS)		1:53,16
6. P. Adeberg (GER)		1:53,50
13. O. Zinke (GER)		1:54,66
17. M. Hadschieff (AUT)		1:55,09
19. T. Kumm (GER)		1:55,35
20. M. Spielmann (GER)		1:55,36

Short Track 1000 m
Männer	22.02.1994
1. K.-H. Kim (KOR)	1:34,57
2. J.-H. Chae (KOR)	1:34,92
3. M. Gagnon (CAN)	1:33,03
4. S. Terao (JPN)	1:33,39
5. J.-H. Lee (KOR)	1:44,99
11. B. Elgetun (NOR)	1:30,96
15. O. Fagone (ITA)	1:32,19
21. M. Vuillermin (ITA)	1:33,51
23. E. Duvvelshoff (NED)	1:34,37
26. B. Loscos (FRA)	1:33,93

5000 m
Männer		13.02.1994
1. J. O. Koss (NOR)	WR	6:34,96
2. K. Storelid (NOR)		6:42,68
3. R. Ritsma (NED)		6:43,94
4. F. Zandstra (NED)		6:44,58
5. B. Veldkamp (NED)		6:49,00
6. T. Itokana (JPN)		6:49,35
8. F. Dittrich (GER)		6:52,27
9. M. Hadschieff (AUT)		6:53,02
10. C. Eminger (AUT)		6:53,18

Short Track 500 m
Männer	26.02.1994
1. J.-H. Chae (KOR)	43,45
2. M. Vuillermin (ITA)	43,47
3. N. Gooch (GBR)	43,68
4. M. Gagnon (CAN)	52,74
5. F. Blackburn (CAN)	44,97
6. J.-H. Lee (KOR)	45,13

10 000 m
Männer		20.02.1994
1. J. O. Koss (NOR)	WR	13:30,55
2. K. Storelid (NOR)		13:49,25
3. B. Veldkamp (NED)		13:56,73
4. F. Zandstra (NED)		13:58,25
5. J. Radke (POL)		14:03,84
6. F. Dittrich (GER)		14:04,33
7. R. Ritsma (NED)		14:09,28
8. J. Schoen (SWE)		14:10,15
9. M. Hadschieff (AUT)		14:12,09
10. C. Eminger (AUT)		14:15,14
11. T. Itokawa (JPN)		14:17,00

Geschichte geschrieben: Zum dritten Mal holte Bonnie Blair über 500 Meter die Goldmedaille.

Olympische Gesten: Die Siegerinnen über 3000 Meter Svetlana Bazhanova, Emese Hunyadi und Claudia Pechstein.

5000 m

Frauen	25.02.1994
1. C. Pechstein (GER)	7:14,37
2. G. Niemann (GER)	7:14,88
3. H. Yamamoto (JPN)	7:19,68
4. E. Belci (ITA)	7:20,33
5. S. Bazhanova (RUS)	7:22,68
6. L. Prokasheva (KAZ)	7:28,58
7. C. Zijlstra (NED)	7:29,42
8. S. Hashimoto (JPN)	7:29,79
9. M. Ogasawara (JPN)	7:30,47
12. E. Hunyady (AUT)	7:38,62
15. E. Antal (AUT)	7:46,78

3000 m

Frauen	17.02.1994
1. S. Bazhanova (RUS)	4:17,43
2. E. Hunyady (AUT)	4:18,14
3. C. Pechstein (GER)	4:18,34
4. L. Prokasheva (KAZ)	4:19,33
5. A. Thomas (NED)	4:19,82
6. S. Hashimoto (JPN)	4:21,07
7. H. Yamamoto (JPN)	4:22,37
9. C. Zijlstra (NED)	4:23,42
11. T. De Jong (NED)	4:25,88

Short Track 500 m

Frauen	24.02.1994
1. C. Turner (USA)	45,98
2. Y. Zhang (CHN)	46,44
3. A. Peterson (USA)	46,76
4. H.-K. Won (KOR)	47,60
5. S.-H. Kim (KOR)	49,01
6. X. Wang (CHN)	49,03

1500 m

Frauen	21.02.1994
1. E. Hunyady (AUT)	2:02,19
2. S. Fedotkina (RUS)	2:02,69
3. G. Niemann (GER)	2:03,41
4. B. Blair (USA)	2:03,44
5. A. Thomas (NED)	2:03,70
6. S. Bazhanova (RUS)	2:03,99
11. A. Baier (GER)	2:05,97
12. E. Belci (ITA)	2:05,99
13. S. Kusunose (JPN)	2:06,20
14. U. Adeberg (GER)	2:06,40
26. H. Warnicke (GER)	2:09,53

Short Track 1000 m

Frauen	26.02.1994
1. L.-K. Chun (KOR)	1:36,87
2. N. Lambert (CAN)	1:36,97
3. S.-H. Kim (KOR)	1:37,09
4. Y. Zhang (CHN)	1:37,80
5. Y. Yang (CHN)	1:47,10
6. I. Charest (CAN)	1:37,49
15. M. Candini (ITA)	1:39,20
16. S. Daudet (FRA)	1:40,83
17. S. Pintens (BEL)	1:41,12
18. K. Mosconi (ITA)	1:41,51

500 m

Frauen	19.02.1994
1. B. Blair (USA)	39,25
2. S. Auch (CAN)	39,61
3. F. Schenk (GER)	39,70
4. R. Xue (CHN)	39,71
5. S.-H. Yoo (KOR)	39,92
6. M. Garbrecht (GER)	39,95
12. A. Hauck (GER)	40,38

1000 m

Frauen	23.02.1994
1. B. Blair (USA)	1:18,74
2. A. Baier (GER)	1:20,12
3. Q. Ye (CHN)	1:20,22
4. F. Schenk (GER)	1:20,25
5. M. Garbrecht (GER)	1:20,32
6. S. Kusunose (JPN)	1:20,37
12. A. Hauck (GER)	1:20,93

Staffel 3000 m

Frauen	22.02.1994
1. Korea	4:26,64
Chun · Kim	
Kim · Won	
2. Kanada	4:32,04
Boudrias · Charest	
Daigle · Lambert	
3. USA	4:39,34
Cashman · Peterson	
Turner · Ziegelmeyer	

EISHOCKEY

VORRUNDE

Ein Team mit Schlangenlinien

Jedes Turnier beginnt mit guten Vorsätzen. Aber noch nie hat irgendeine deutsche Eishockey-Mannschaft einen internationalen Titelkampf mit so vielen guten Vorsätzen begonnen wie die Spiele von Lillehammer und Gjøvik. Und dieser Optimismus schien begründet. Seit der eiserne Vorhang aufgegangen ist und die Cracks aus Moskau und Prag in die NHL-Liga fliegen konnten, ist es mit der klaren Hierarchie vorbei:

Es gibt keine zwei oder drei Riesen mehr, statt dessen sechs, sieben, vielleicht auch acht Halbstarke.

»Wir sind hungrig, wir wollen endlich einmal das Jahr 76 vergessen lassen.« Niemand hat gelacht, als Verbandspräsident Ulf Jäckel die Wiederholung der Bronzemedaille von Innsbruck öffentlich als Ziel proklamierte. Doch schon am Tag nach der großen Rede hagelte es Spott. Bis zur 50. Minute sah es danach aus, als erlebten die Deutschen ein »Cordoba« auf dem Eis. Erst dann drehten Wolfgang Kummer und Benoit Doucet innerhalb von 22 Sekunden die österreichische 2:1-Führung in ein 3:2 für Deutschland um. Zum Schluß hieß es 4:3 – gerade noch einmal davongekommen. Torhüter Merk, bester Mann der Bukac-Truppe, schnappte sich hinterher sofort den Puck: »Zur Erinnerung an unser Glück.«

Beim 2:1 über Norwegen vertraute Eishockey-Professor auf Helmut de Raaf im Tor; gegen Tschechien hielt Peppi Heiss wie ein Weltmeister, nur ein nicht richtig getroffener Puck rutschte ihm über die Linie; vor dem Match gegen die Russen versprach Kapitän Uli Hiemer: »Gegen die gehen wir in Führung – und paßt mal auf, was dann passiert.«

Ein 4:2, der erste Sieg bei einem Turnier über die »roten Sputniks«. Im »Deutschen Haus« stöhnte im Morgengrauen eine Bedienung: »Hoffentlich gewinnen die nie wieder.« Der Fluch der Servierdame wurde im letzten Gruppenspiel gegen die Finnen wahr: 1:7, eine Lehrstunde sozusagen, die Polonaise mit den Fans wurde abgesagt. Und damit sich ja kein Spieler mehr die Nacht um die Ohren schlagen oder durch-

Job für harte Männer: Schiedsrichter beim Spiel Frankreich–USA (links). Fisch auf Eis (unten): Unmutsbezeugung für Norwegens Olsen.

107

Manchmal ist es schwierig, den Durchblick zu behalten (oben). Szene aus der Begegnung Norwegen–Finnland.

Der Argumentation des Deutschen Niederberger hatte der Norweger Thoresen nicht viel entgegenzusetzen (rechts).

Standpauke für einen 4:2-Erfolg gegen Rußland. Der deutsche Bundestrainer Dr. Ludek Bukac bei der moralischen Aufrüstung.

zechen konnte, verlegte Trainer Bukac die Mannschaftsbesprechungen auf Mitternacht. Ohne Bier.
In ähnlichem Zickzack absolvierte auch die Konkurrenz ihre Gruppenspiele. Bis auf die Finnen (nach oben) und die Norweger (von Spiel zu Spiel abfallend) zeigte kein Team Konstanz. 5:1 (gegen Norwegen), 0:5 (Finnland), 9:1 (Österreich), 2:4 (Deutschland), 4:3 (Tschechien) – wann fuhr eine russische Eishockey-Mannschaft schon mal solche Schlangenlinien?
Doch es reichte für die Play-offs. Für Norwegen und Österreich war dieser Traum zu Ende. Ebenso wie in der B-Gruppe für die Italiener und Franzosen. Als einzige Mannschaft hatte sich dort die slowakische Republik souverän durchgesetzt.

Ungeschlagen. Nur gegen Schweden und USA hatten die Olympia-Debütanten leichte Probleme. Bei der Weltmeisterschaft müssen sie sogar in der Gruppe C spielen, weil der Weltverband die Mannschaft von Tschechien als Haupt-Erbe der einstigen ČSSR sieht.
Die Puckkünstler aus Bratislava gingen ihrem Publikum ans Herz. Nicht nur wegen der sportpolitischen Ungerechtigkeit, sondern weil Hockey-Freunde sentimental werden, wenn sie den Namen Peter Stastny hören. Der erfolgreichste Europäer in der Geschichte der nordamerikanischen Profiliga kam vor einem halben Jahr in die Heimat zurück. Unter anderem, um noch einmal Olympia zu erleben. Nicht schlecht. Mit 37 Jahren.

Österreichisch-russisches Stockhakeln, das Gusmanov (Rußland) eine kurze Eiszeit bescherte.

Diese deutsch-russische Annäherung endete mit einem gesamtdeutschen Überraschungssieg (oben).

Wasserspiele. Der US-amerikanische Torwart Snow (Kanada–USA, 3:3) befreit sich von überflüssigem Ballast (oben links).

Torschußpanik mit stürzenden Linien (Schweden–Italien, 4:1). Schweden schaffte den Sprung in die Endrunde.

FINALRUNDE

Ein harter, fairer Kampf...

»In den Play-offs bedeutet das erste Tor ›Tod oder Leben‹ – denn wenn du dieses Spiel verlierst, erinnert sich bald niemand mehr, daß du mal in Lillehammer warst.« Dieses etwas martialische Zitat stammt von Curt Landmark, dem Trainer der schwedischen Mannschaft.

Es galt den Deutschen, die nach 34 Minuten und 14 Sekunden und dem 0:1 durch Fredrik Stillmann das erste und damit entscheidende Spiel der Play-offs verloren – und dann nach und nach in der Versenkung dieses Turniers verschwanden. Am Ende hieß es 0:3 gegen die Schweden, obwohl die Vorderleute von Helmut de Raaf anfangs ganz gut mitgehalten hatten mit den nervösen Skandinaviern. Gegen die Slowakische Republik folgte ein 5:6, nach einer 3:0 Führung übrigens. Und lediglich gegen die Amis gelang ein 4:3-Sieg. Das olympische Resultat: Platz sieben.

Wieder einmal durchgefallen bei der sportlichen Aufnahmeprüfung unter die besseren Hockey-Nationen. In der sozialen Statistik aber waren die Ahmann, Truntschka und Co. absolute Spitze: Keine andere Mannschaft hat so viel gesungen und Niederlagen so lustig ertragen. »Nach dem Aus gegen Schweden war es doch Wurscht, was zum Schluß rausspringt«, hat Dieter Hegen das Auftreten der Kameraden gerechtfertigt. Leider besitzt das deutsche Eishockey über zu wenige Typen vom Schlag des jungen Thomas Brandl. Der mag zwar manchmal ein Hitzkopf sein, in seiner Kritik hat er wohl recht: »Einige reden bei uns von Einsatz nur in der Kabine, auf dem Eis siehst du dann nichts davon. Nach einem 0:1 ist ein Spiel noch lange nicht verloren.«

Doch offensichtlich denken die meisten so. Denn die deutsche Mannschaft lebt in der Regel von ihren Defensiv-Qualitäten. Sie kann mit konsequentem Verteidigen auch vermeintlich bessere Teams ärgern – doch kreativ und im Angriff ist nur selten was los.

Der schlaue Schwede Lundmark hat hinterher zugegeben, daß er sich diese Deutschen als Gegner beim Spiel um »alles oder nichts« praktisch erschummelt habe. Um auf die Bukac-Truppe zu treffen, habe man im Vorrundenspiel gegen Kanada

Eishockey-Finale unter Kamerabeschuß: Ein schwedischer Triumphzug.

Kanadier und Schweden beim Lillehammer Turmbau: Spannungsreiches Finale mit Verlängerung und Penaltyschießen.

nicht mit voller Kraft gespielt, so Lundmark. Die Schweden feierten diesen taktischen Winkelzug wie anno 54 die deutschen Fußball-Weltmeister ihren Trainer-Fuchs Sepp Herberger und dessen Trick mit den Ungarn.

Auch damals hatte der Außenseiter erst mal mehr oder weniger absichtlich verloren – und dann im Finale zurückgeschlagen. Das deutsche Spiel mit dem Ball imitierten die Schweden mit dem Puck, sogar mit dem gleichen Resultat.

Und wie vor 40 Jahren die Ungarn ärgerten sich nun die Kanadier wegen ihrer Überheblichkeit. Denn bei einer 2:1-Führung in einem Olympia-Finale darf man sich nicht kurz vor Schluß eine Zeitstrafe einhandeln.

Die Schweden nutzten ihr letztes Powerplay zum hochverdienten Unentschieden. Sie glaubten auch nach der Verlängerung an sich. Daran läßt sich der winzige Unterschied zwischen Gold und Silber ablesen. Sie hatten zwei Spieler auf dem Eis, die keine Nerven zeigten im Penalty-Schießen.

Torwart Tommy Salo und Stürmer Peter Forsberg. Der 20jährige von Modo Örnsköldsvik schlenzte beim zweiten Penalty-Schießen Versuch Nummer 13 aufreizend lässig am kanadischen Keeper Corey Hirsch vorbei. Der 19jährige Paul Kariya aber scheiterte an Routinier Salo. Diese beiden Youngsters werden schon bald in der NHL auftauchen. Peter Forsberg hat für zehn Millionen Dollar und die nächsten vier Jahre bei den Quebec Nordiques unterschrieben. Daß er ausgerechnet seinem neuen Gastland, das seit 42 Jahren auf einen Olympiasieg wartet, die Tour vermasselt hat, erhöht seinen Wert noch bei den

112

Vom Kanadier umgenietet: Finne Saku Koivu (links). Mitte: Zu spät eilt Jan Benda im Spiel gegen die USA zum Tor.

Jörg Handrick und Fredrik Stillman (oben) im Viertelfinalspiel: Aufs deutsche Spiel halten die Schweden den Daumen drauf.

Andrei Nikolichine (links) sieht sich aufs Glatteis geführt: Die Schweden bleiben am Ende hinter ihnen zurück.

Eishockey – und die verschwundene Minute

Wir haben das Video-Zeitalter, und im Eishockey haben sie's auch. Neuerdings beobachten mehrere Kameras das Tor, weil der Puck oft so schnell fliegt, daß der Schiedsrichter nicht erkennen kann, ob das kleine schwarze Ding nun drin war oder nicht. Bei solchem Zweifel geht der Unparteiische ans Telefon und ruft bei der Video-Überwachung an – und die wissen's dann. Nun ergab es sich, daß die Franzosen gegen die Österreicher ein Tor erzielten, von dem der Schiedsrichter überzeugt war, daß es keins war – aber als dann die Österreicher ein Tor schossen, wurde doch die amtliche Video-Überwachung angerufen, und es war doch eins. Damit aber war das Problem nicht aus der Welt – und man tat etwas, was die Menschheit seit der Erfindung der Zeit schon immer vergeblich versuchte: Man drehte die Chronometer zurück. In diesem Fall handelte es sich darum, daß man nicht mehr in der sechsundzwanzigsten Minute war, sondern wieder erst in der fünfundzwanzigsten. Eine verschwundene Minute in der Weltgeschichte ist nicht viel, aber für den Anfang reicht's. Das Spielchen ließe sich ja beliebig fortsetzen. Was ist, wenn sie eines Tages erst am Schluß merken, daß ein Tor kein Tor war, oder umgekehrt? Dann verschwindet eventuell eine Stunde spurlos im Eishockey-All – und man kann ein Stück Leben noch einmal leben. Das hat es bisher nur bei den Dichtern und Drehbuchschreibern gegeben, und wir haben sie als Phantasten belächelt. Wie schön, daß es den Fortschritt gibt.
Ulrich Kaiser

Kanadiern. Der arme Kerl Kariya stürmt demnächst im Trikot der Anaheim Mighty Ducks in eine reiche Zukunft.

»Wie Peter Forsberg seinen zweiten Penalty verwandelt hat, für so viel Frechheit gehört er eigentlich zwei Jahre hinter Gitter.« Die etwas drastische Ausdrucksweise des Trainers Lundmark kennen wir schon. Forsberg ist eben noch ein Junge und kein gesetzter Mann. Statt tagelang das Wort vom »historischen Triumph« (Lundmark) hat er den ersten Olympiasieg einer schwedischen Eishockey-Mannschaft auf seine Art gefeiert. Eishockey-Helm runter, das Ding unters Dach der Håkon-Halle gekickt und einen Wikinger-Helm aufgesetzt.

Damit dirigierte der Held der Schweden die Chöre seiner Landsleute und die La-Ola-Welle. Und als selbst Seine Majestät Carl Gustaf der Sechzehnte und Königin Sylvia (geborene Sommerlath) auf der Tribüne mittanzten, waren alle Schweden eins.

Doch in all ihrer Freude erwiesen sich die Schweden als große Sportsleute: »Ich finde es nicht gut, daß ein Penalty-Schießen über die Gold-Medaille entscheiden mußte«, so Tommy Salo. »Sudden death«, das nächste Tor entscheidet, wäre für den schwedischen Schlußmann eine gerechtere Lösung gewesen.

Eine faire Atmosphäre und markante Trainer-Sätze bestimmten auch die Plazierungsspiele. Nach dem 0:4 gegen die Finnen im Kampf um die Bronzemedaille erklärte ein sehr müde wirkender Assistenztrainer Igor Dimitriev: »Die schlimmste Strafe für uns Trainer ist es, die Spieler in der Kabine anschauen zu müssen.« Trotzdem habe dieses Resultat auch etwas Gutes: Es zeige die momentane Situation seines Sports in Rußland. Die Besten sind längst in Kanada oder Amerika.

Mit Konzentration und Leidenschaft: Aber am Ende zählt der Teamgeist. Unten: Der schwedische Eishockeyspieler Peter Forsberg.

DIE SIEGER

Lange Gesichter und hängende Köpfe: Nach der Niederlage gegen die Schweden war die Enttäuschung bei den Kanadiern groß.

Hält er ihn oder hält er ihn nicht? Kanada hatte am Ende einen mehr drin.

Endstand

1. SWE
2. CAN
3. FIN
4. RUS
5. CZE
6. SVK
7. GER
8. USA
9. ITA
10. FRA
11. NOR
12. AUT

Vorrunde Gruppe A

1.	FIN	5	5	–	–	25 : 4	10 : 0
2.	GER	5	3	–	2	11 : 14	6 : 4
3.	CZE	5	3	–	2	16 : 11	6 : 4
4.	RUS	5	3	–	2	20 : 14	6 : 4
5.	AUT	5	1	–	4	13 : 28	2 : 8
6.	NOR	5	–	–	5	5 : 19	0 : 10

Vorrunde Gruppe B

1.	SVK	5	3	2	–	26 : 14	8 : 2
2.	CAN	5	3	1	1	17 : 11	7 : 3
3.	SWE	5	3	1	1	23 : 13	7 : 3
4.	USA	5	1	3	1	21 : 17	5 : 5
5.	ITA	5	1	–	4	15 : 31	2 : 8
6.	FRA	5	–	1	4	11 : 27	1 : 9

Plazierungsrunde

Platz 5 - 8
CZE : USA 5 : 3
GER : SVK (n.V.) 5 : 6

Platz 7
GER : USA 4 : 3

Platz 5
CZE : SVK 7 : 1

Plazierungsrunde

Platz 9 - 12
AUT : FRA (n.P.) 1 : 4
ITA : NOR 6 : 3

Platz 11
AUT : NOR 1 : 3

Platz 9
FRA : ITA 2 : 3

Finale

CAN : SWE (n.P.) 2 : 3

Halbfinale

Platz 1 - 4
FIN : CAN 3 : 5
RUS : SWE 3 : 4

Platz 3
RUS : FIN 0 : 4

Viertelfinale

Platz 1 - 8
CAN : CZE (n.V.) 3 : 2
FIN : USA 6 : 1
GER : SWE 0 : 3
SVK : RUS (n.V.) 2 : 3

RODELN
Schlittenfahrt um Tausendstel

Helm ab zur Medaille: Georg Hackl, erster Rennrodler, der zweimal hintereinander bei Olympischen Spielen Gold holen konnte.

Gold-Bayer in Silber: Georg Hackl (unten). Silber-Österreicher in Rot: Markus Prock (»Alles riskiert, alles verloren«).

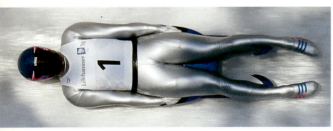

Noch nie ist Georg Hackl auf seinem Schlitten unter so vielen deutschen Fahnen hindurchgerodelt wie im Eiskanal von Hunderfossen. Und daß ausgerechnet jene Flagge, die direkt am Ziel über der Eisrinne geschwenkt wurde, in der Mitte einen großen Fleck und das Signet von Schalke 04 hatte, zeigt uns eines: der Hackl Schorsch ist ein Mann des Volkes. Für einen Schnösel oder Stenz wäre kein echter Schalker Fan 1600 Kilometer nach Norwegen gefahren.

»Wie fühlt sich der erfolgreichste Rodler aller Zeiten?« Der Schorsch hat den Kopf schräg gestellt, sich hinterm Ohr gekratzt und den Reporter von CBS dann erstmal gefragt: »Bin ich das wirklich?« Daß er nun mit einer silbernen und zwei Goldmedaillen ganz oben thronen darf in der Hall of Fame der Schlittenfahrer, »aber der Prock hätte das auch verdient«, sagte Hackl.

Eigentlich habe er ja ein schlechtes Gewissen, nachdem er dem Österreicher jetzt zum zweiten Mal hintereinander den olympischen Triumpf weggeschnappt habe. »Der Markus war doch klar der Beste in den vergangenen 2 Jahren«. Ähnlich hat sich der Europameister das wohl auch gedacht vor dem vierten Lauf und mit deutlichem Vorsprung. Schorsch Hackl hat mit etlichen Weizenbieren sehr schnell sein Gewissen beruhigt. Schließlich verdankt der Sportsoldat Hackl ja gerade dieser urigen Bierruhe, die sich in entscheidenden Wettkämpfen immer ausgezahlt hat, seine für eine Randsportart außergewöhnliche Popularität.

Was den Deutschen der Hackl-Schorsch, bedeutet Gerda Weissensteiner den Südtirolern. Sie fuhr mit ihren Gegnerinnen buchstäblich Schlitten. Vier Läufe, viermal Platz eins. Und während die männliche Konkurrenz anfangs Tausendstel, später Hundertstel trennten, legte Gerda Weissensteiner eine dreiviertel Sekunde Distanz zwischen sich und Susi Erdmann.

Um Susi Erdmann hatten sich die Medaillenplaner im deutschen Schlittenlager bis zum Schluß Sorgen gemacht. Sie hatten noch das Bild von der Heulsuse aus La Plagne im Kopf, wo die Favoritin bei ihrem ersten Olympia-Start einfach sitzengeblieben war. Sie habe

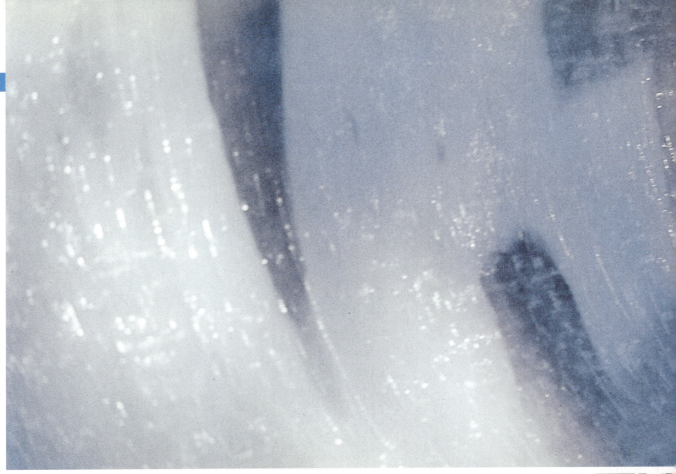

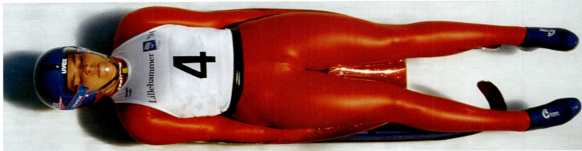

Die Dritte im Kufen-Duell, Andrea Tagwerker aus Österreich, auf Bronzekurs vor ihrer Landsmännin aus dem Neuner-Clan.

ihre Lektion von damals gelernt, erzählte ein äußerst glücklicher Unteroffizier Erdmann.

Diesmal hat Jana Bode geheult. Schon beim Training. Die EM-Zweite kam mit ihren hohen Erwartungen nicht zurecht, landete schließlich auf Platz 14. Gabriele Kohlisch hat sich nur geärgert. Die Weltcupsiegerin wurde Sechste.

Als gute Verlierer erwiesen sich Stefan Krauße und Jan Behrendt. Pech in Kurve 13, und das auch noch zweimal, verhinderte die fest eingeplante Goldmedaille im Doppelsitzer. »Wir brauchen uns keine Vorwürfe zu machen, ich bin auch glücklich mit Bronze«, sagte Hintersitzer Behrendt. Und nichts wie mitgemacht bei der großen Südtiroler Fete der Rodel-Familie Huber. Wilfried, der jüngste der drei Rodel-Brüder hatte mit seinem Co Kurt Brugger den älteren Norbert mit Partner Hansjörg Raffl im zweiten Durchgang auf Platz zwei verdrängt.

Die Deutschen, zumindest ihr Trainer Josef Lenz, den alle nur »Sepp« nennen, hatten ihr »Soll« erfüllt. Und nach seiner neunten Olympiade kann »der Sepp« jetzt beruhigt in Rente gehen. Mit dem 59jährigen verlieren die deutschen Rodler ihren »Übervater«. Sepp Lenz hatte sich bei einem Statistiker noch einmal genau erkundigt, wieviele Erfolge man seiner Ära zurechnen kann: Exakt 91 Medaillen bei internationalen Rodel-Wettbewerben haben seine Schützlinge gewonnen, die von seinem Ziehsohn Hackl war die 28. in Gold.

Doch noch berühmter als durch all seine Erfolge wurde Lenz wegen eines Unfalls. Am 16. Dezember verlor der Trainer bei einer Kollision mit einem amerikanischen Schlitten ein Bein in der Eisrinne. Um dennoch in Lillehammer dabei zu sein, hat der alte Mann noch härter trainiert als manche seiner Athleten.

120

Eiszeit. Susi Erdmann, 1,84 m große Silberbraut aus Münchens Unterhaching im Eiskanal von Hunderfossen.

Knapp verfehlt. Angelika Neuner (Österreich) konnte ihren Erfolg von Albertville (Silber) diesmal nicht herausrodeln.

Eine fassungslose Siegerin. Gerda Weissensteiner aus Südtirol. Sie fuhr nach ihrem vierten Platz in Albertville diesmal die schnellste Kufe.

Bremsmanöver. Stefan Krauße und Jan Behrendt, in Albertville berühmt geworden durch ihren »Beintrick«, holten Bronze.

121

VIERERBOB, ZWEIERBOB

Rumpelstilzchen im Eiskanal

Eines muß man dem Weder Gusti wirklich lassen: Es fehlt ihm an nichts. Er ist ein penibler Forscher nach immer besserem Material, ein unbarmherziger Kämpfer am Steuerseil, ein wahrer Dramaturg, wenn es um die Steigerung der Spannung geht. Daß er im Zielraum der Bobbahn in Hunderfossen auch noch wie Rumpelstilzchen tanzte, hatte natürlich seinen besonderen Grund: Im allerletzten der vier Läufe durch die 1365 Meter lange Eisrinne jagten Gustav Weder und sein Bremser Donat Aklin im Zweierbob ihren Schweizer Landsleuten Reto Götschi und Guido Acklin noch die Goldmedaille ab. Ein Rückstand von fünf Hundertstel Sekunden kostete die bis dahin Führenden im Bob Schweiz II den Olympiasieg. Gustav Weder (32) grinste und meinte: »Heute hat die Erfahrung den Ausschlag gegeben.« Erfahrung – auch im Umgang mit Erfolgen – hat der Diplomsportlehrer aus Diepoldsau in der Tat: Aus der Serie diverser Weltmeisterschafts-Medaillen ragt natürlich das olympische Zweierbob-Gold von Albertville 1992 heraus. Damals sorgte er übrigens im Schweizer Team für die einzige Goldmedaille überhaupt, ehe er wenige Tage später mit Silber im Viererbob die zweite Medaille gewann.

Aber der Rückblick ist nicht seine Sache. Weder ist ein Mann, der den Fortschritt vorantreibt. »Eine ständige Materialentwicklung ist der erste Schritt zum Erfolg.« Vielleicht sogar der wichtigste – und ein Geheimnis allemal.

Das bekamen in Hunderfossen besonders die Deutschen zu spüren. Vier blitzsaubere Läufe genüg-

Rasendes Quartett (links): Zehn Jahre nach Wolfgang Hoppes Sieg ist ein deutscher Bob wieder als erster in der Zieleinfahrt.

Alter Hase im Eiskanal: Wolfgang Hoppe (unten) kämpfte mit dem Vierer-Bob um Medaillenchancen.

Aufholjagd: Der Schweizer Gustav Weder (ganz unten) raubte Harald Czudaj den letzten Nerv.

Leichtere Bob-Diskussionen

Zwei Jahre zuvor im französischen Albertville hatte es das Gerede um den Bobfahrer Harald Czudaj gegeben – Beschuldigungen, Entschuldigungen, Erklärungen, mühsames Verstehen. Es war gar nicht so einfach mit dem Zusammenwachsen der Deutschen, die auf einmal in einer Mannschaft standen. Jetzt in Lillehammer drehten sich die Gespräche auf einmal um den Czudaj-Trainer und seine Vergangenheit unter dem zerbrochenen Regime. Recht oder Unrecht: Es war immer noch nicht so einfach, zu entscheiden – es ist immer schwierig, über Gerechtigkeit nicht in Selbstgerechtigkeit zu verfallen – es ist genauso schwierig, zu erkennen, wo schon Schuld und wo nur Mitmachen als Vorwurf gilt. Viele Staaten zeigten sich bei diesen Winterspielen unter neuen Namen – nur die Deutschen schlossen sich zusammen, und jeder weiß, daß das schwieriger ist, als selbst Pessimisten voraussagten. Kein Mensch vermag zu ergründen, ob derartige Dinge eine Rolle spielen, wenn man in die aerodynamische Kiste springt – wenn man eine Spur sucht, die am Schluß eine Hundertstelsekunde besser ist als die des Konkurrenten. Niemand weiß vom ›jetzt-erst-recht‹, vom ›beweisen-wollen‹ oder vom ›es-ist-mir-egal‹. Was Harald Czudaj aus Altenberg anbetrifft: Er fuhr im ersten Durchgang einen Vorsprung heraus und verteidigte ihn bis zum Schluß – er wurde Olympiasieger im Viererbob. Es blieb als sicher anzunehmen, daß alle Diskussionen hinterher etwas leichter verliefen.
Ulrich Kaiser

ten Rudi Lochner (Königssee) und Co-Pilot Markus Zimmermann nicht für eine Fahrt aufs Treppchen. 77 Hundertstel fehlten zum Schluß auf die Zeit der italienischen Bronzemedaillengewinner Günther Huber und Stefano Ticci.

Wenn das Material nicht paßt, erkennt der Mensch seine Grenzen besonders deutlich. »Wir haben über Nacht noch die Kufen gewechselt, aber es half alles nichts. Wir waren einfach zu langsam unterwegs.« Nach zwei Läufen waren Lochner/Zimmermann nämlich als Siebte von der Bahn gegangen. Da wurde schnell die Nachtschicht angesetzt, um zu retten, was zu retten war. Immerhin wurden sie noch Vierte.

Ein Problem war, daß die Crew keine Kufen bereit hatte, die auch bei minus 17 Grad Celsius ihren Schliff behalten. Der erfahrene 40jährige Königsseer Rudi Lochner hat sich dank der Tatsache, daß Weder die Kufen von derselben Herstellerfirma bezieht, bei der Materialbeschaffung zwar an dem Schweizer Favoriten orientieren können. Doch was er nicht wußte, verriet Weder nach dem Erfolg schmunzelnd: »Wir haben noch einiges daran geändert.« Schlitzohrigkeit siegt.

Zu allem Unglück lag auf der Besetzung von Deutschland I dann auch noch die Bürde der Vergangenheit. Die Statistiker notierten blitzschnell: Seit 1964 waren die deutschen Zweierbob-Teams erstmals an den Medaillen vorbeigeschrammt. 1992 in Albertville hatte dasselbe Duo Silber gewonnen. Olympiadebütant Sepp Dostthaler (Ohlstadt) und Routinier Bogdan Musiol (Oberhof) mußten im Bob Deutschland II als Zwölfte nach Hause fahren, was besonders für den Passagier an der Bremse schmerzlich war: Musiol wollte nach fünf Olympiateilnahmen in Lillehammer Abschied von den Spielen nehmen.

Jubel beim Schweizer Zweier-Bob (unten): Perfektionist Gustav Weder und Bremser Donat Acklin holen Gold nach Fehleranalyse.

DIE SIEGER

Schweizer Zweier-Bobs ganz vorn: Reto Götschi, Guido Acklin, Gustav Weder, Donat Acklin.

Das deutsche Team (oben) mit Rudi Lochner und Markus Zimmermann verfehlte Bronze.

Rasendes Rot (oben): Erste italienische Medaille seit 1968. Blauer Flitzer: Die deutschen Sieger.

Rodeln

Frauen		16.02.1994
1. G. Weissensteiner (ITA)		3:15,517
2. S. Erdmann (GER)		3:16,276
3. A. Tagwerker (AUT)		3:16,652
4. A. Neuner (AUT)		3:16,901
5. N. Obkircher (ITA)		3:16,937
6. G. Kohlisch (GER)		3:17,197
7. I. Gubkina (RUS)		3:17,198
8. N. Yakushenko (UKR)		3:17,378

2er Bob

Doppelsitzer		20.02.1994
1. Schweiz I Weder · Acklin		3:30,81
2. Schweiz II Götschi · Acklin		3:30,86
3. Italien I Huber · Ticci		3:31,01
4. Deutschland I Lochner · Zimmermann		3:31,78
5. Österreich I Schoesser · Schroll		3:31,93
6. Großbritannien I Tout · Paul		3:32,15
9. Italien II Gesuito · Tartaglia		3:32,45
12. Deutschland II Dostthaler · Musiol		3:32,84

4er Bob

Männer		27.02.1994
1. Deutschland II Czudaj · Brannasch Hampel · Szelig		3:27,78
2. Schweiz I Weder · Acklin Meier · Semeraro		3:27,84
3. Deutschland I Hoppe · Hielscher Hannemann · Embach		3:28,01
4. Österreich I Schoesser · Redl Winkler · Heidacher		3:28,40
5. Großbritannien I Tout · Farrell Wing · Paul		3:28,87
6. Österreich II Einberger · Bachler Nentwig · Schuetzenauer		3:28,91
7. Schweiz II		3:29,33
8. Großbritannien II		3:29,41
9. Italien II		3:29,42
10. Tschechische Republik I		3:29,51
11. Kanada II		3:29,66

Rodeln

Männer		14.02.1994
1. G. Hackl (GER)		3:21,571
2. M. Prock (AUT)		3:21,584
3. A. Zöggeler (ITA)		3:21,833
4. A. Huber (ITA)		3:22,418
5. W. Suckow (USA)		3:22,424
6. N. Huber (ITA)		3:22,474
7. G. Gleirscher (AUT)		3:22,569
8. J. Müller (GER)		3:22,580

Rodeln

Doppelsitzer		18.02.1994
1. Italien Brugger · Huber		1:36,720
2. Italien Raffl · Huber		1:36,769
3. Deutschland Krauße · Behrendt		1:36,945
4. USA Grimmette · Edwards		1:37,289
5. USA Thorpe · Sheer		1:37,296
6. Rumänien Apostol · Cepoi		1:37,323
10. Österreich Schiegl · Schiegl		1:37,695
14. Deutschland Skel · Wöller		1:38,308